LARS POECK

Fotografieren in Berlin

101 tolle Bildideen in der Hauptstadt
Der Ratgeber für Foto-Einsteiger

Von der Bildidee zur perfekten Umsetzung

humboldt

INHALT

Fotografieren in Berlin 6

Es ist gar nicht so kompliziert 8

Blende 9
Belichtungs- und Verschlusszeit 13
Fotos, ohne zu verwackeln 15
ISO 16
Kameraprogramme 17

Sinfonie der Großstadt 22

Tipps für dein Architekturfoto 22
Tipps für dein Landschaftsfoto 27
Tipps für die Langzeitbelichtung 32
Tipps für dein Makrofoto 36
Tipps für dein Tierfoto 39
Tipps für dein Sonnenuntergangsfoto 42
Tipps für dein Porträtfoto 46

101 Orte in Berlin 51

Gärten der Welt 52
Gendarmenmarkt 54
Olympiastadion 56
Beelitz-Heilstätten 58
Schlesisches Tor 60
Alexanderplatz 62
Oberbaumbrücke 64
Arena Berlin 66
Berliner Reichstag 68
Fernsehturm Berlin 70
Elsenbrücke 72
Flughafen Tempelhof 74

Viktoriapark 76
Jüdischer Friedhof Weißensee 78
Spreepark Plänterwald 80
Nikolaiviertel 82
Holocaust-Mahnmal 84
Jacob-und-Wilhelm-Grimm-Zentrum 86
Potsdamer Platz 88
BVB Freibad Lichtenberg 90
Ökologische Bildungs- und Tagungsstätte 92
Hauptbahnhof 94
Tierpark Berlin 96
Heidelberger Platz 98
Shell-Haus 100
Niederländische Botschaft 102
Friedrichstraße 104
Tränenpalast 106
Bahnhof Siemensstadt 108
Bernauer Straße 110
East Side Gallery 112
Neptunbrunnen 114
Flughafen Tegel 116
Zitadelle Spandau 118
Regierungsviertel 120
Urnengang Krematorium Wilmersdorf 122
Jüdisches Museum 124
Schloss Bellevue 126
Kinderbauernhof im Görlitzer Park 128
ParkInn Hotel 130
Museumsinsel Berlin 132
Berliner Dom 134
Haus der Kulturen (Schwangere Auster) 136

Siegessäule ... 138
Tiergarten ... 140
Blick von der Fischerinsel ... 142
Insel der Jugend ... 144
U-Bahnhof Wittenbergplatz ... 146
Neue Wache Berlin ... 148
Stasi-Gefängnis Hohenschönhausen ... 150
Zoo Berlin ... 152
Plänterwald ... 154
Tegeler Fließ ... 156
Brandenburger Tor ... 158
Märchenbrunnen im Volkspark Friedrichshain ... 160
Grunewald ... 162
Dorotheenstädtischer Friedhof ... 164
Café Moskau ... 166
Tempelhofer Freiheit ... 168
Warschauer Brücke ... 170
Sowjetisches Ehrenmal im Treptower Park ... 172
Stasi-Museum ... 174
Kino International ... 176
Kolonnadenhof ... 178
Parkdeck der Neukölln Arcaden ... 180
Kottbusser Tor ... 182
Technikmuseum ... 184
Märkisches Viertel ... 186
Galeries Lafayette Berlin ... 188
Landwehrkanal ... 190
Kino Intimes ... 192
Axel-Springer-Haus ... 194
Alte Tankstelle in Kreuzberg ... 196

LP12 Mall of Berlin 198
KaDeWe 200
Tempodrom 202
Selbstmörderfriedhof 204
Spittelkolonnaden 206
Alte Nationalgalerie 208
Kaiser-Wilhelm-Gedächtniskirche 210
Liebermann-Villa am Wannsee 212
Indischer Brunnen am Engelbecken 214
U-Bahnhof Warschauer Straße 216
Karpfenteich im Treptower Park 218
Carillon im Tiergarten 220
Verbotene Stadt Wünsdorf 222
High-Deck-Siedlung 224
Spätis in Berlin 226
Plattenbaukomplex Leipziger Straße 228
Unterführung Messe Nord/ICC 230
Paul-Löbe-Haus 232
Berliner Philharmonie 234
Prinzessinnengarten 236
Naturkundemuseum 238
Friedhof Columbiadamm 240
Frankfurter Tor, Strausberger Platz 242
Streetfoodmarket Markthalle 9 244
Mauerpark 246
Spielbank Berlin 248
Aquarium Berlin 250
TwinTowers an der Mediaspree 252
Register **254**

FOTOGRAFIEREN IN BERLIN

Dieses Buch nimmt dich mit auf eine fotografische Entdeckungstour durch Berlin. Ich zeige dir meine liebsten Fotolocations, erkläre dir, wie ich die Fotos gemacht habe, und erläutere dir die wichtigsten Funktionen deiner Kamera. Lass dich inspirieren und begib dich auf deine Fotoreise durch die Hauptstadt.

Als ich vor einigen Jahren nach Berlin gezogen bin, fand ich die Stadt anfangs sehr verwirrend. Um sie besser kennenzulernen, habe ich mich mit meinem Fotoapparat auf Entdeckungsreise durch Berlin begeben. So ist das Projekt „101 Orte in Berlin" entstanden. Ich habe Reiseführer gewälzt, Fotografen getroffen und mit Freunden gesprochen. Ich wollte all die schönen und manchmal geheimen Orte der Stadt fotografieren. Per Fahrrad, Roller und Auto ging es von Marzahn bis zum Grunewald und von Tegel bis Wünsdorf.

In meiner Fotografie geht es nicht um die fotografische Perfektion. Schließlich lerne ich stetig dazu und bin immer wieder neu herausgefordert. Es geht um die Entdeckung wundervoller Orte. Ich verrate dir, welche Motive mir Spaß machen und wo du diese findest, und erläutere, wie ich sie fotografiert habe.

„Ich glaube wirklich, dass es Dinge gibt, die niemand sehen würde, wenn ich sie nicht fotografiere."

Diane Arbus, US-amerikanische Fotografin

Dieses Buch liefert dir einen Ausschnitt meiner Lieblingsorte. Stetig entdecke ich neue Plätze. Schau auch auf meinen Fotoblog **www.ig-fotografie.de**. Wenn du spannende Orte zum Fotografieren entdeckst, dann schreibe mir eine E-Mail an **lars@ig-fotografie.de**. Ich freue mich, sie zu entdecken!

Herzliche Grüße
Lars

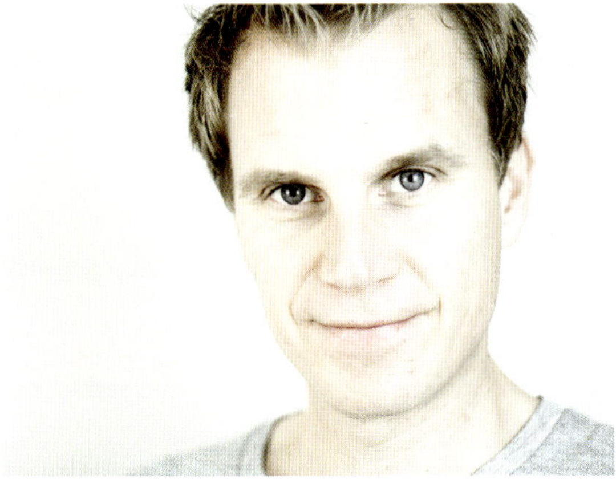

ES IST GAR NICHT SO KOMPLIZIERT

Sicher hast du viele Fotoideen im Kopf. Doch wie setzt du sie um? Viele meiner Fotos beschreibe ich dir in diesem Buch. Dazu ist es wichtig, deine Kamera zu verstehen. Bevor wir also starten, hier ein paar Worte zur Technik.

Wenn du deine Kamera bereits gut kennst, kannst du dieses Kapitel überblättern. Bist du dir aber nicht sicher, was Tiefenschärfe, Blende & Co. bedeuten, oder willst du dein Wissen auffrischen, dann nimm dir einen Moment Zeit, um für deinen Fototrip bestens gewappnet zu sein.

Ich fotografiere seit einigen Jahren fast ausschließlich im manuellen Modus. Das ist gar nicht so schwer. Doch dazu musste ich drei Begriffe und deren Zusammenspiel verstehen lernen: **Blende**, **Verschlusszeit** und **ISO**.

Blende

Die Blende ist die Öffnung im Objektiv, durch die das Licht fällt. Kreisförmig angeordnete Lamellenbleche verschieben sich so ineinander, dass die Öffnung für das Licht enger oder weiter wird. Mit der Wahl der Blende regelst du also, wie viel Licht auf deinen Kamerasensor gelangt.

Das ist ähnlich wie bei einem Wasserhahn. Wenn du den Hahn voll aufdrehst – also weit öffnest –, kommt schnell sehr viel Wasser aus dem Hahn. Wenn du den Hahn hingegen nur ein wenig aufdrehst – also nur minimal öffnest –, läuft wenig Wasser heraus, und es dauert länger, bis du die gleiche Menge Wasser hast.

Die Blende regelt die Lichtmenge

Genauso verhält es sich mit der Blende und dem Licht. Ist die Blende weit geöffnet, kommt schnell viel Licht durch die Öffnung. Wenn du die Blende nur wenig öffnest, fällt wenig Licht hindurch, und es braucht länger, bis die gleiche Lichtmenge auf den Sensor deiner Kamera gelangt ist. Die Zeit der Öffnung bestimmt die Belichtungszeit, aber dazu kommen wir gleich.

Die Blende wird in der Blendenzahl angegeben. Hier kam ich anfangs oft durcheinander, denn **ein kleiner Blenden-**

wert (z. B. *f*2.8 = große Blende) steht für **eine große Blendenöffnung**. Es kommt also viel Licht durch, weil die Blende weit geöffnet ist.

Folglich bedeutet ein **großer Blendenwert** (z. B. *f*16 = kleine Blende), dass die **Blende einen kleinen Durchmesser** hat und somit weniger Licht auf deinen Sensor gelangt. Das finde ich irgendwie immer noch seltsam, aber es ist so.

BLENDENREIHE MIT GANZEN BLENDEN (F)

0.5 | 0.7 | 1 | 1.4 | 2 | 2.8 | 4 | 5.6 | 8 | 11 | 16 | 22

viel Licht ⟶ wenig Licht

Durch Erhöhung oder Verringerung um eine Blendenstufe halbierst beziehungsweise verdoppelst du die Lichtmenge, die auf deinen Kamerasensor trifft.

Die Blende regelt die Tiefenschärfe

Neben der Lichtintensität regelt die Blende die Tiefenschärfe, also welche Bereiche auf deinem Foto scharf und welche Bereiche unscharf abgebildet sind. Damit hat die Blende einen entscheidenden Einfluss auf die Bildwirkung deines Fotos.

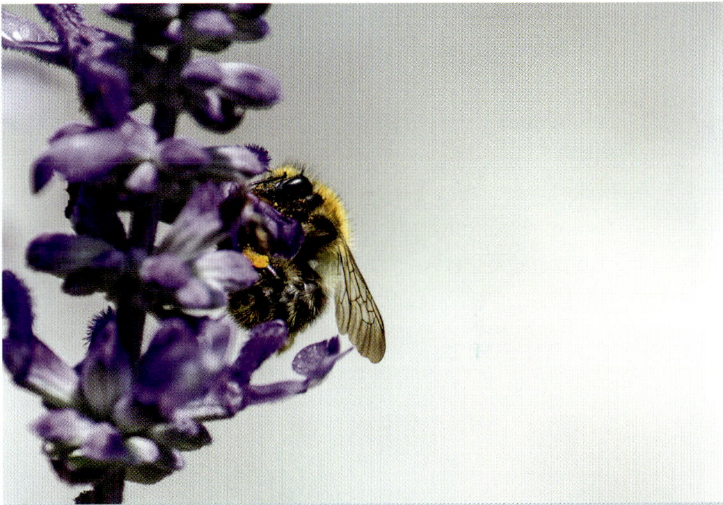

ISO 200 / 100 mm / *f*5.6 / 1/800 s
Gärten der Welt: Die Biene wirkt noch eindrucksvoller durch die Wahl einer großen Blende, denn sie ist freigestellt vor dem unscharfen Hintergrund.

Möchte ich mein Objekt im Vordergrund scharf darstellen und den Hintergrund verschwimmen lassen? Dann fotografiere ich mit einem kleinen Blendenwert, also einer großen Blende (z. B. *f*2). Das passt toll zu Porträtfotos. Hier will ich den Fokus auf die Augen legen. Nichts soll von dem Porträt ablenken. Mit einer großen Blende kannst du dein Hauptmotiv vor dem Hintergrund freistellen.

Anders gehe ich vor, wenn ich eine Landschaftsaufnahme fotografiere. Hier wähle ich eine kleine Blende mit großem Blendenwert (zum Beispiel *f*16). Dann ist alles auf meinem Foto scharf, und ich habe eine große Tiefenschärfe. Eine kleine Blende führt dazu, dass auch weniger Licht auf deinen Sensor gelangt. Daher wird in der Landschaftsfotografie oft ein Stativ genutzt, um die Belichtungszeit zu verlängern, ohne das Foto zu verwackeln.

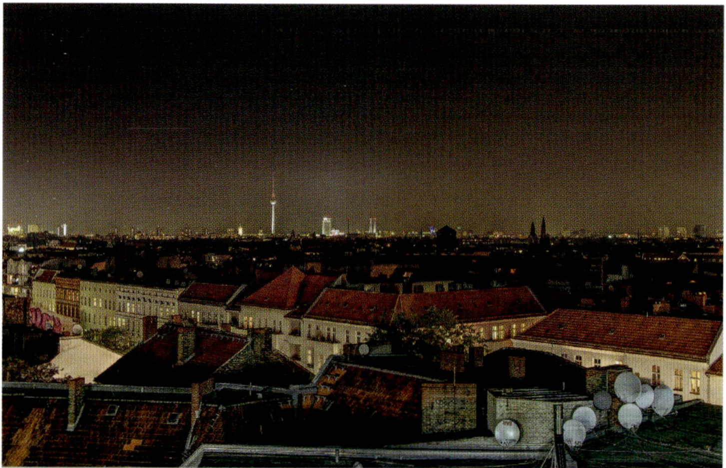

ISO 100 / 25 mm / *f*8 / 32 s
Parkdeck Neukölln Arcaden: In Landschaftsaufnahmen oder hier beim Blick über Berlin möchte ich durch die Wahl einer kleinen Blende volle Tiefenschärfe erzielen.

Belichtungs- und Verschlusszeit

Die Belichtungszeit (Verschlusszeit) regelt, wie lange Licht auf deinen Kamerasensor einfällt. Das können kürzeste Werte von 1/4000 Sekunde (s) sein bis hin zu langen Verschlusszeiten von 30 Sekunden oder noch länger. Durch die Wahl der Verschlusszeit komponierst du ebenfalls dein Foto. Diese arbeitet direkt mit deiner Blende zusammen.

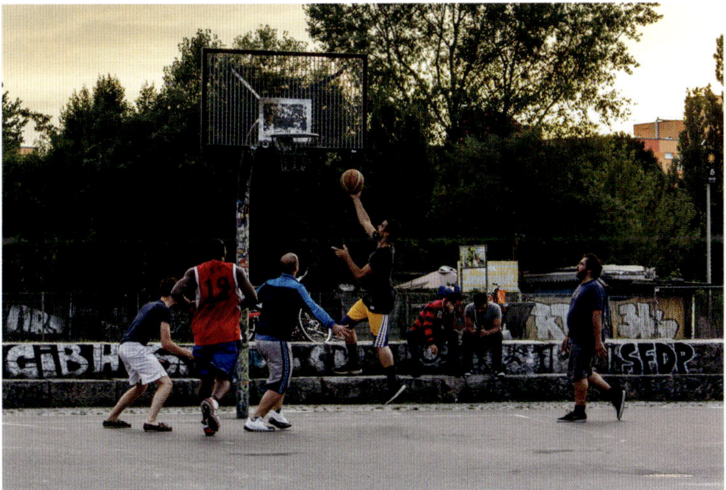

ISO 1600 / 112 mm / ƒ5.6 / 1/250 s
Mauerpark: Sportler bewegen sich schnell. Eine kurze Verschlusszeit garantiert dir ein scharfes Foto.

Willst du den Flügelschlag eines Vogels scharf einfangen oder einen Rennradfahrer fotografieren, wählst du eine kurze Verschlusszeit (1/250 Sekunde oder höher), da du schnelle Bewegungen festhalten möchtest.

Mit einer langen Belichtungszeit am Abend werden die Lichtspuren der Autos zu fantasievollen roten und gelben Lichtstreifen. Oder du lässt auf einem belebten Platz das Gewirr an Menschen zu einem verschwommenen Gewusel werden. Eine lange Belichtungszeit ist ebenfalls toll für Experimente mit Zügen und anderen bewegten Objekten.

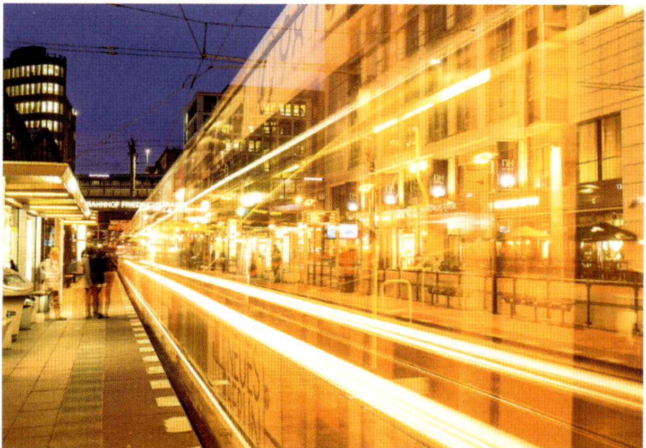

ISO 100 / 35 mm / f16 / 15 s
Friedrichstraße: Lange Verschlusszeiten können Effekte in die Nacht zaubern, die das normale Auge nicht sieht.

Fotos, ohne zu verwackeln

Manchmal hast du eine tolle Idee, aber das Foto ist verwackelt. Für die Wahl der Belichtungszeit ist es wichtig einzuschätzen, wie lange du die Kamera ohne Stativ ruhig halten kannst. Merke dir als Faustregel, dass du als Verschlusszeit immer mindestens den Kehrwert deiner Brennweite wählen solltest. Das bedeutet, bei einer Brennweite von 50 mm mindestens 1/50 Sekunde oder schneller als Belichtungszeit zu wählen.

FAUSTREGEL FÜR FREIHAND-VERSCHLUSSZEIT

Kehrwert Brennweite = Einstellung Verschlusszeit
(50 mm = 1/50 Sekunde oder 100 mm = 1/100 Sekunde)

Das Stativ für lange Belichtungszeiten

Da ich häufig am frühen Morgen oder späten Abend fotografiere, sind Stativ und Kabelfernauslöser für mich wichtige Begleiter. Denn sobald die Verschlusszeit den Kehrwert deiner Brennweite unterschreitet, droht dein Foto zu verwackeln. Mit einem Stativ aber kann ich das nächtliche Stadtpanorama oder in dunklen Lost Places meine Fotos komponieren.

ISO

Ich erinnere mich noch, als ich das erste Mal einen Kleinbildfilm mit ASA/ISO 400 gekauft habe. „Damit kannst du auch abends fotografieren", sagte mein Vater, bevor wir in den Familienurlaub in die USA geflogen sind. Super, schließlich stand ein Bummel durch das nächtliche Las Vegas auf dem Plan.

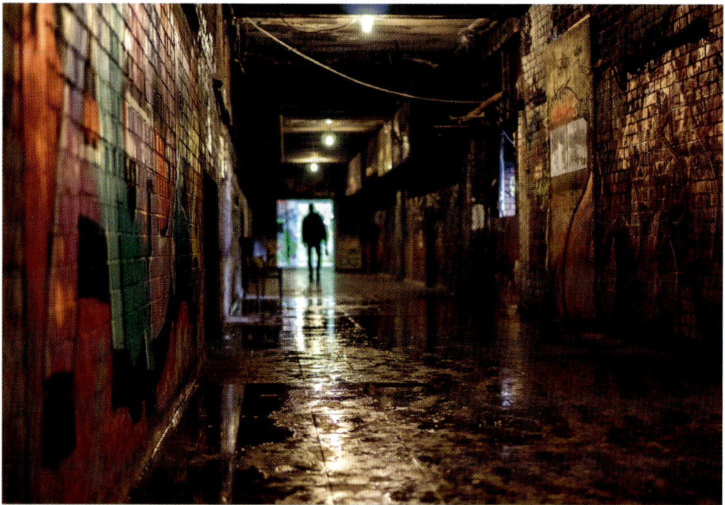

ISO 3200 / 88 mm / f1.8 / 1/50 s
Tunnelsystem unter dem Teufelsberg: Wenn ich Personen in Bewegung in schwierigen Lichtverhältnissen fotografiere, wähle ich einen hohen ISO-Wert.

ISO beschreibt die Filmempfindlichkeit

ISO steht für **I**nternational **O**rganization for **S**tandardization. Aber viel wichtiger ist: ISO beschreibt die Lichtempfindlichkeit.

Meine heutige digitale Spiegelreflexkamera erlaubt mir ISO-Einstellungen von 100 bis 6400. Moderne Kameras lassen sogar weit höhere Werte zu. In meinem Kameramenü muss ich den Einsatz von 6400 jedoch extra freischalten. Wieso das? Ist es nicht super, wenn ich in dunkelster Nacht fotografieren kann? Nicht unbedingt, denn je höher mein ISO-Wert, desto mehr Bildrauschen hat mein Foto.

Niedriger ISO-Wert = weniger Rauschen im Bild

Somit sollte dein Ziel also sein, den ISO-Wert gering zu halten, auch wenn die Technik sehr viel ermöglicht.

Kameraprogramme

Du brauchst keine teure digitale Spiegelreflexkamera (DSLR), um tolle Fotos zu machen. Selbst einfache Kompaktkameras oder Smartphones sind wahre Wunderwerke der Technik. Wenn ich auf Fototour bin, fotografiere ich mit meiner großen digitalen Spiegelreflexkamera mit Wechselobjektiven. Für das tägliche Foto zwischendurch habe ich hingegen immer eine Kompaktkamera oder zumindest mein Smartphone dabei.

Wenngleich meine Fotoideen sich zum Großteil auf Einstellungen im manuellen Modus beziehen, ist es sinnvoll, zumindest den Unterschied der verschiedenen Betriebsarten einer Digitalkamera zu verstehen.

Programmautomatik (P)

Die Programmautomatik (auf deiner Kamera als **P = Programm** zu finden) ist das einfachste halbautomatische Kameraprogramm und ideal, um erste Versuche außerhalb der Vollautomatik zu sammeln. Die Kamera regelt **Verschlusszeit** und **Blende** anhand der ermittelten **Belichtungswerte**. Das geschieht durch kurzes Antippen des Auslösers. Anschließend kannst du zusätzlich die Werte für Blende und Verschlusszeit verschieben und so zum Beispiel für ein Porträt eine große Blende wählen. Verschlusszeit und Belichtung werden automatisch angepasst. Den Blitz kannst du zusätzlich manuell hinzuschalten.

Blendenautomatik (TV/S)

Mit der Blendenautomatik (je nach Hersteller auf deiner Kamera als **TV = Time Value** oder **S = Shutter Priority** zu finden) gibst du deiner Kamera die **Verschlusszeit** – auch Belichtungszeit genannt – vor. Das ist insbesondere beim Sport (der schnelle Läufer), bei Naturaufnahmen mit seidigem Wasser (Wasser langsam verschwimmen lassen) oder in lichtkritischen Situationen hilfreich. In der Regel aber gibst du der Kamera eine Zeit wie zum Beispiel 1/150 Sekunde

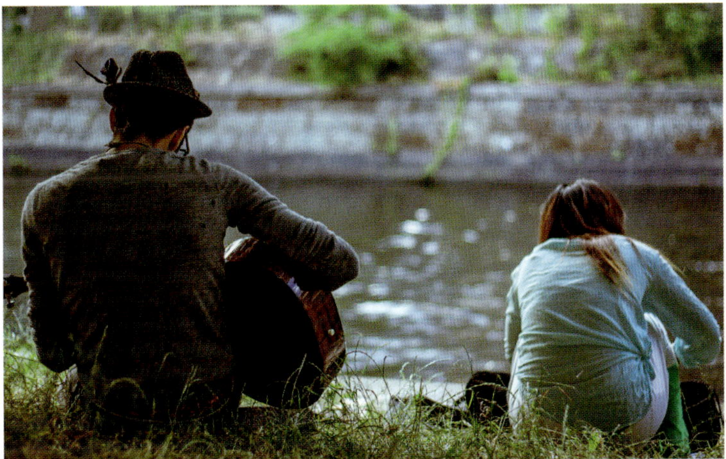

ISO 200 / 50 mm / f4 / 1/400 s
Berlin Kreuzberg: Wenn ich auf Fototour durch Kreuzberg bin, nutze ich die Blendenautomatik, um auf alle Situationen vorbereitet zu sein.

vor, in der du die Kamera gut halten kannst, ohne zu verwackeln. Dann tippst du den Auslöser an, und deine Kamera passt die Werte für Blende und ISO an.

Ich nutze dieses Programm manchmal, wenn ich auf Streetfotografie-Tour bin und es schnell gehen muss.

Zeitautomatik (AV/A)

Im Programm der Blendenvorwahl oder Zeitautomatik (auf deiner Kamera als **A** oder **AV** = **Aperture Value** zu finden) gibst du deiner Kamera die **Blende** vor und regelst die **Schärfentiefe**. Das Programm ist toll, wenn du Menschen im Porträt fotografierst und einen unscharfen Hintergrund haben möchtest. Die für dein Foto erforderliche Belichtungszeit wird von deinem Fotoapparat automatisch angepasst.

WARUM KANN ICH NICHT ALLE BLENDEN AUSWÄHLEN?

Je nach Brennweite können nicht immer alle Blendenwerte angewählt werden. So kann es passieren, dass du im Zoom-/Telebereich bei einer Brennweite ab 100 mm und höher an deinem Objektiv nicht mehr den ganz niedrigen Blendenwert einstellen kannst, der mit demselben Objektiv noch bei 18 mm möglich war. Bei dem kleinsten möglichen Wert handelt es sich um die Offenblende.

Ein Objektiv mit einer sogenannten durchgehenden Offenblende ist meist sehr teuer. Die einstellbaren Blendenwerte kannst du vorne auf dem Objektiv ablesen. Da kann zum Beispiel stehen: 55–250 mm ƒ4.0–5.6. Das bedeutet, dass du bei einer Brennweite von 250 mm als kleinste mögliche Offenblende ƒ5.6 wählen kannst.

Manueller Modus (M)

Im manuellen Modus (**M** = **Manual**) hast du die volle Kontrolle, musst aber alles selber einstellen. Du gibst der Kamera vor, mit welcher Blende, Verschlusszeit und welchem ISO-Wert du fotografieren möchtest. Der manuelle Modus erfordert Übung, du bist aber völlig frei in der Komposition. Als Hilfestellung kannst du bei vielen Kameras zudem noch die ISO-Automatik aktivieren.

ISO-AUTOMATIK IM MANUELLEN MODUS

Mit aktivierter ISO-Automatik denkt deine Kamera trotz manuellem Modus mit und passt die ISO-Einstellung automatisch auf Basis deiner gewählten Einstellungen aus Verschlusszeit und Blende an. Du kannst in vielen Kameras einen maximalen ISO-Wert festlegen. Wenn du die ISO-Automatik deaktivierst, werden gemessene Belichtungswerte ignoriert. Die Belichtung erfolgt nur nach deinen Vorgaben.

SINFONIE DER GROSSSTADT

Berlin bietet dir Unmengen an fotografischen Herausforderungen. Hier habe ich dir ein paar grundlegende Tipps für einige der beliebtesten Fotogenres aufgeschrieben.

Tipps für dein Architekturfoto

Berlin bietet faszinierende Architekturmotive. In der Regel fotografierst du sie mit kleiner Blende (ab $f8.0$) für eine ausgewogene Schärfentiefe. Um manche Objekte in voller Breite abbilden zu können, ist ein Weitwinkelobjektiv zu empfehlen. Aber es macht auch Spaß, mit dem Tele-/Zoomobjektiv Ausschnitte herauszugreifen und so einfach mit Formen und Linien zu spielen.

„Fotografieren ist die Kunst, trotz aller Technik noch gute Bilder zu machen."

(Verfasser unbekannt)

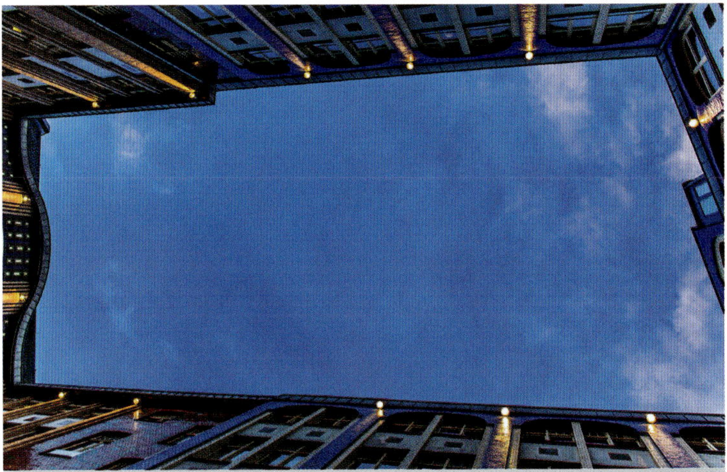

ISO 100 / 24 mm / f8 / 1/50 s
Hackesche Höfe: Da fehlten mir doch ein paar Millimeter in meiner Brennweite. Gewisse Bilder erfordern einen extremen Weitwinkel oder Improvisationstalent.

Vergiss die Wirklichkeit

Bei abstrakten Bauten finde ich es spannend, jegliche Bezugspunkte aus deinem Foto zu eliminieren. Was meine ich damit? Spiele mit den Achsen, drehe deine Kamera gegen jede Norm, konzentriere dich lediglich auf Formen. Zoome weit in dein Foto hinein und lasse Himmel oder Boden völlig raus. Du wirst erstaunt sein, wie sich dein Foto verändert.

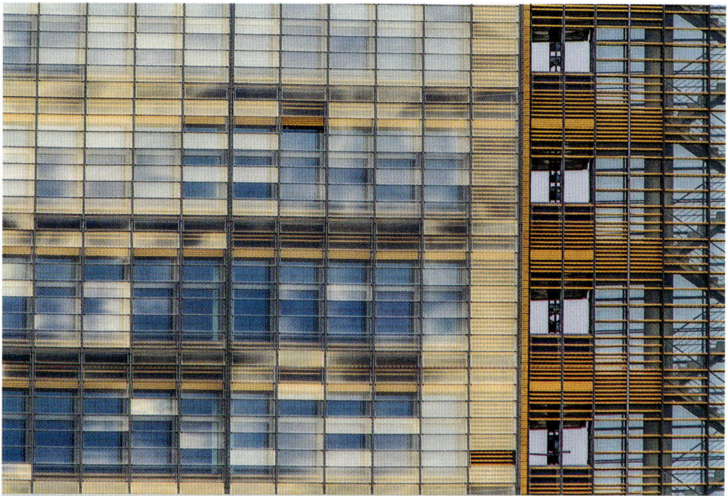

ISO 200 / 250 mm / f8 / 1/500 s
Potsdamer Platz: Lass dich ein auf das Spiel mit geometrischen Formen und greife Ausschnitte raus.

Das Spiel mit Perspektiven kannst du toll ausprobieren bei Dächern, die sich vor dir erheben. Probiere verschiedenste Distanzen und Winkel aus.

Gerade um das Foto nicht zu überfrachten, ist es sogar besser, Details und Ausschnitte eines Gebäudes zu fotografieren, als das ganze Haus abbilden zu wollen. Das macht das Foto spannend für den Betrachter.

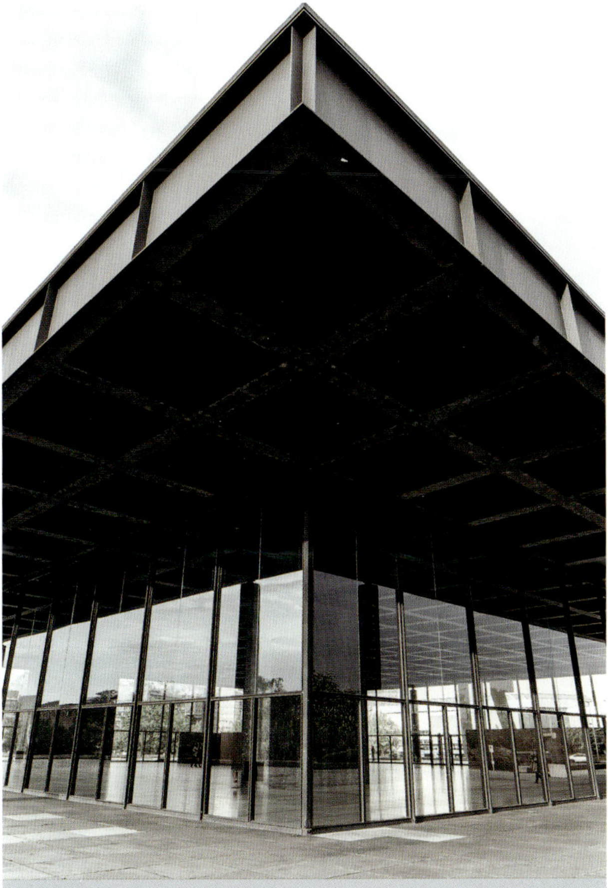

ISO 320 / 24 mm / ƒ8 / 1/100 s
Die Neue Nationalgalerie (Potsdamer Straße 50): Gebäude verändern sich mit jedem Schritt, den du näher rangehst.

TIPP FÜR DEINE BILDGESTALTUNG: ENTDECKE DAS LICHT

In der Fotografie geht es immer um Licht: Wie verändert es sich? Bist du drinnen oder draußen? Welche Jahreszeit, Tageszeit oder welches Wetter ist gerade? Hast du künstliches Licht (Straßenlaternen oder Autoscheinwerfer) oder das natürliche Licht? Was passiert, wenn du gegen das Licht fotografierst? Experimentiere mit Schatten.

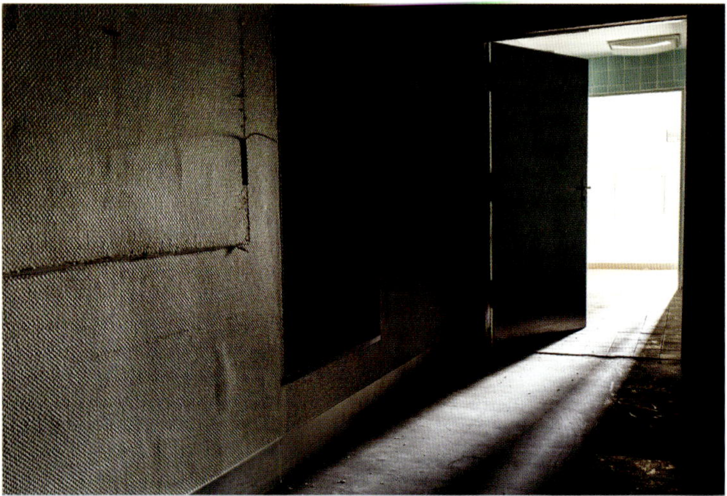

ISO 800 / 35 mm / f7.1 / 1,6 s
Regierungskrankenhaus Buch: Finde den Weg zum Licht, und deine Fotos bekommen eine ganz andere Wirkung.

Tipps für dein Landschaftsfoto

Zu Beginn habe ich fast nur Landschaften fotografiert. Was macht ein Landschaftsfoto eigentlich aus?

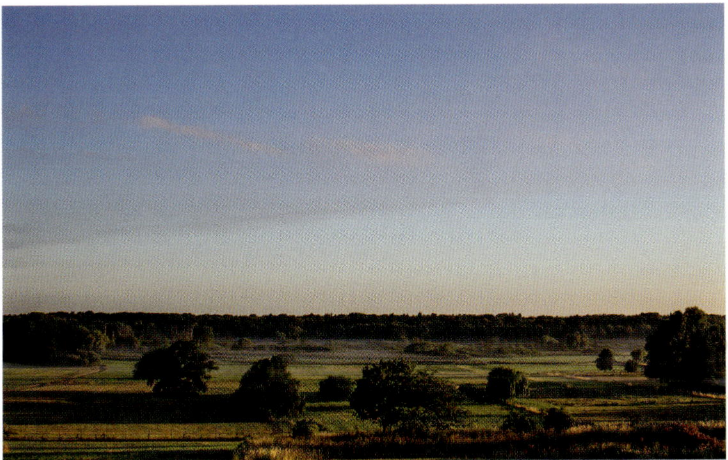

ISO 250 / 35 mm / f13 / 1/200 s
Alt Lübars: Der Blick aufs frühmorgendliche Tegeler Fließtal um 5:30 Uhr – ein echtes Erlebnis für Fans der Landschaftsfotografie.

Viele sagen, Landschaftsfotografie sei so einfach. Man brauche nur ein Weitwinkelobjektiv, eine kleine Blende und ein Stativ. Dann einfach die Kamera hinstellen und losfotografieren. Doch gibt es unzählige Faktoren, die dein Landschaftsfoto beeinflussen.

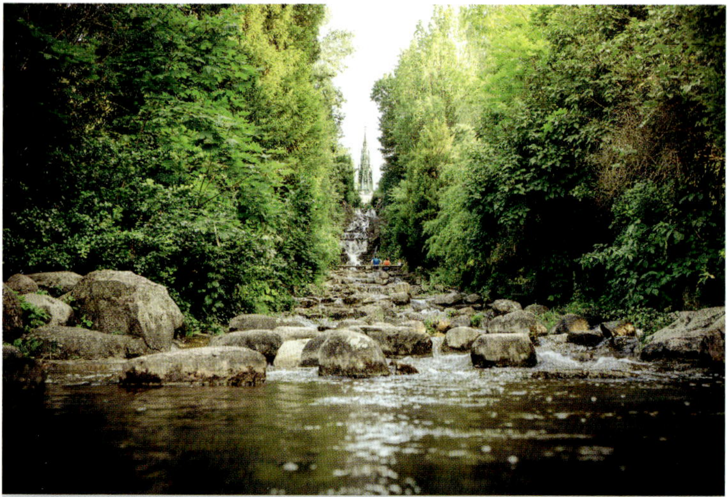

ISO 500 / 35 mm / ƒ5.6 / 1/100 s
Viktoriapark: Für ein gutes Landschaftsfoto bedarf es mehr als „Stativ, Weitwinkel und abdrücken"!

Geduld und die richtige Stimmung

Zu allererst geht es um die richtige Lichtstimmung. In der Regel bevorzuge ich den frühen Morgen und den Abend zur Goldenen oder Blauen Stunde, also die Stunde nach Sonnenaufgang und vor Sonnenuntergang. Hinzu kommen Faktoren, die du nicht beeinflussen kannst: Wetter, Gegebenheiten vor Ort bis hin zur Jahreszeit.

TIPP FÜR DAS BESTE LICHT

Auf Google findest du unter dem Stichwort „**Dämmerungsrechner**" tolle Internetseiten mit der genauen Zeitberechnung für das beste Licht.

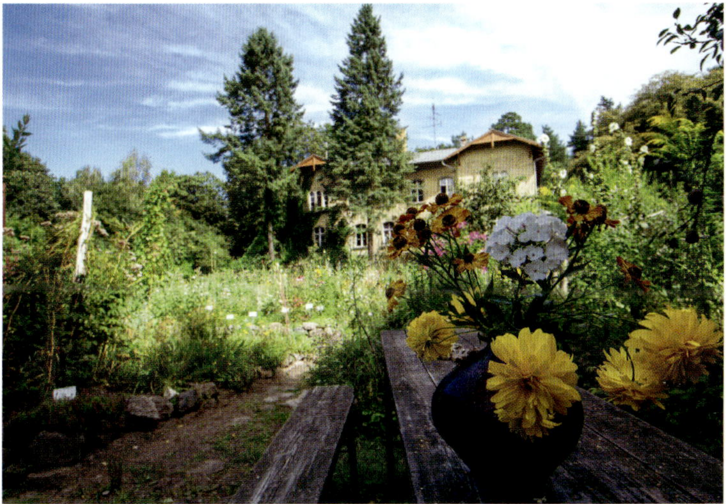

ISO 100 / 35 mm / ƒ4 / 1/250 s
Ökowerk Grunewald: Mit der Blende und der Schärfentiefe komponierst du dein Foto. Gerade beim Weitwinkel sollte ein Objekt klar im Vordergrund stehen, denn jedes Bild braucht einen Vordergrund.

Oft warte ich ewig auf den richtigen Moment, besuche Orte immer wieder – nur um genau die Stimmung zu erwischen, die mein Foto zu etwas Besonderem macht. Bringe für diese Disziplin Ruhe und Ausdauer mit. Dann wirst du mit wundervollen Fotos belohnt.

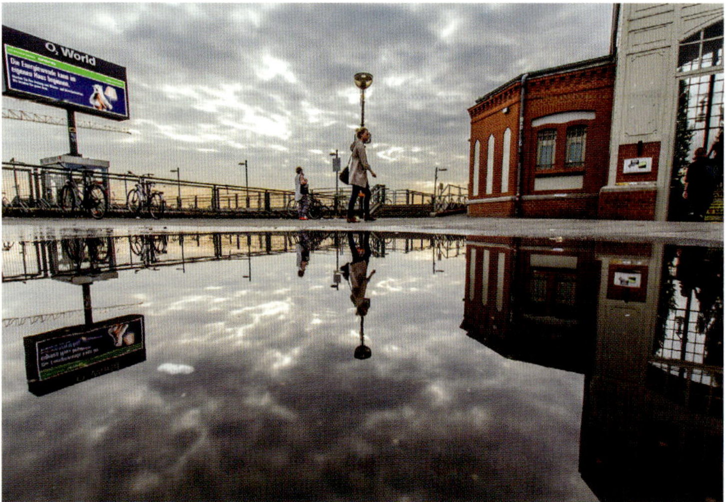

ISO 400 / 16 mm / ƒ8 / 1/200 s
Ein See vor der U-Bahn: Manches kann man nicht planen – ein Regenschauer verwandelte den Eingang zur U-Bahn Warschauer Straße in eine große Spiegelfläche.

TIPP FÜR DEINE BILDGESTALTUNG: RAHME DEIN MOTIV EIN

Durch einen Rahmen lenkst du die Augen des Betrachters und gibst dem Foto Tiefe. Rahmen für dein Motiv gibt es überall. Das kann der Blick durch eine Tür oder ein Fenster sein, die Ansicht durch eine Hofeinfahrt oder Äste, Blätter oder der Blick über die Schulter des Gegenübers.

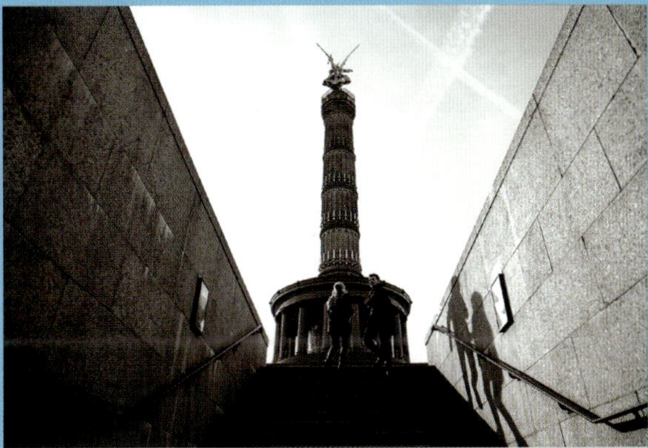

ISO 100 / 24 mm / ƒ6.3 / 1/80 s
Ein Rahmen betont den Blick auf dein Hauptmotiv – wie hier die Siegessäule.

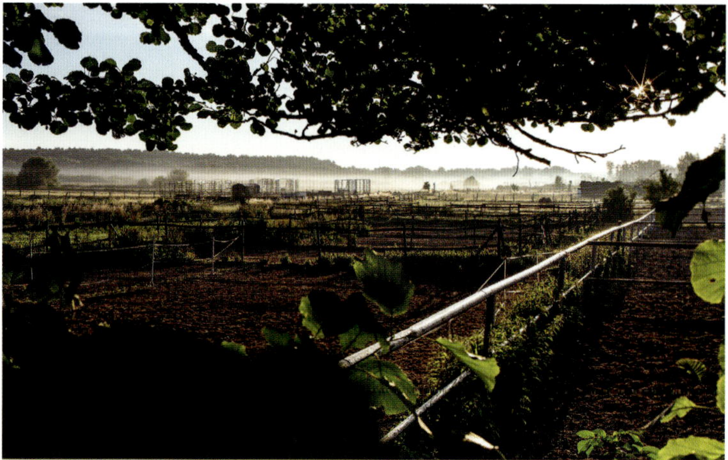

ISO 250 / 35 mm / ƒ13 / 1/200 s
Der Blick durch die Zweige lenkt den Blick auf die einmalige Morgenstimmung auf den Weiden rund um Alt Lübars.

Tipps für die Langzeitbelichtung

Mit deiner Kamera hast du die Möglichkeit, Lichter und Spuren sichtbar zu machen, die du mit bloßem Auge so nicht sehen kannst. Für diese Zauberei gehst du in die Langzeitbelichtung und benötigst lediglich ein Stativ und einen Fernauslöser.

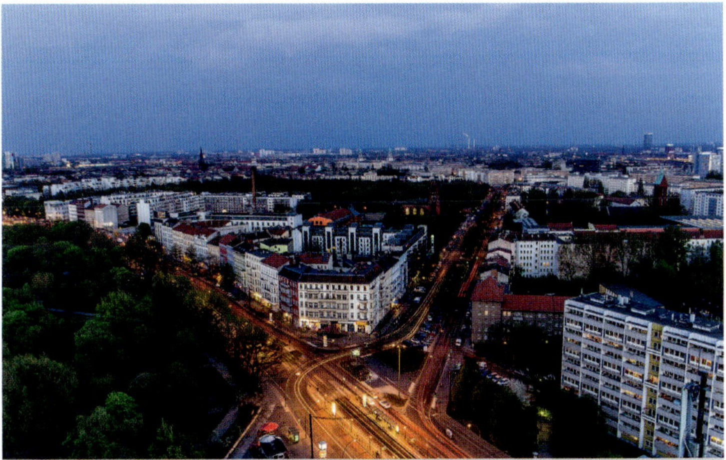

ISO 100 / 26 mm / ƒ18 / 13 s
Hochhaus am Platz der Vereinten Nationen: Die Blaue Stunde gehört zu meinen Lieblingszeiten für Fotos. Hier kann ich Unsichtbares sichtbar machen.

Experimentiere mit Belichtungszeiten

Für Nachtfotografie wähle ich in der Regel eine mittlere bis kleine Blende (*ƒ*8 bis *ƒ*16) für eine gute Tiefenschärfe. Ich fokussiere auf einen Punkt auf halber Entfernung. Dafür ist es praktisch, eine Taschenlampe dabei zu haben, um einen Punkt anzuleuchten und auf diesen zu fokussieren. Anschließend deaktiviere ich den Autofokus. Dadurch wird vermieden, dass die Kamera beim Drücken des Auslösers erneut nachfokussieren will. Experimentiere mit

Belichtungszeiten ab 15 Sekunden. Insbesondere in den dunklen Bereichen wird bei zu hohen ISO-Werten das Bildrauschen sichtbar. So ist es wichtig, diesen ISO-Wert in der Nacht- und Langzeitfotografie niedrig zu halten.

TECHNIKTIPP: BILDSTABILISATOR DEAKTIVIEREN

Sollte dein Objektiv einen Bildstabilisator haben, empfehle ich, diesen zu deaktivieren, sobald deine Kamera auf einem Stativ aufgeschraubt ist. Sonst versucht deine Kamera, ein ruhiges Bild in der Langzeitbelichtung auszugleichen. Das Ergebnis können verschwommene Bilder sein.

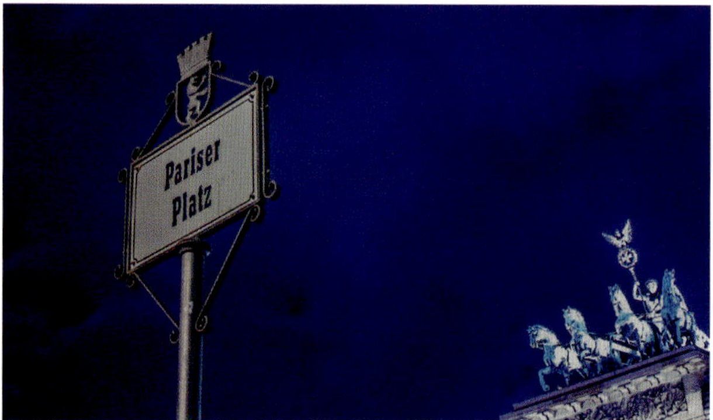

ISO 100 / 35 mm / ƒ4 / 10 s
Brandenburger Tor: Es macht Spaß, um die Ecke zu denken und Wahrzeichen, Leuchtreklame oder andere Dinge erkennbar zu machen, die bei Tag nicht sichtbar sind.

TIPP FÜR DEINE BILDGESTALTUNG: WENIGER IST MEHR

Ist dein Foto immer zu überladen, zu voll? Dein Gehirn hat die Begabung der sogenannten Autovervollständigung. Ist das Motiv angedeutet, wie beispielsweise ein halbes Rad, wird dein Gehirn den Rest im Kopf hinzufügen. Probiere es aus und fotografiere nur Ausschnitte. Das kann eine Haushälfte sein, das Viertel einer Blüte, eine Haustür oder ein halb beleuchtetes Gesicht. Dein Gehirn addiert die fehlenden Teile zum Motiv hinzu. So minimierst du sehr einfach deinen Bildinhalt, reduzierst dein Foto auf das Wesentliche.

ISO 100 / 35 mm / ƒ2 / 1/2500 s
Alte Tankstelle in Kreuzberg: Wichtig für deine Bildgestaltung ist, dass du Platz und Raum lässt, damit das Motiv wirken kann und der Betrachter nicht mit Informationen überfrachtet wird.

Tipps für dein Makrofoto

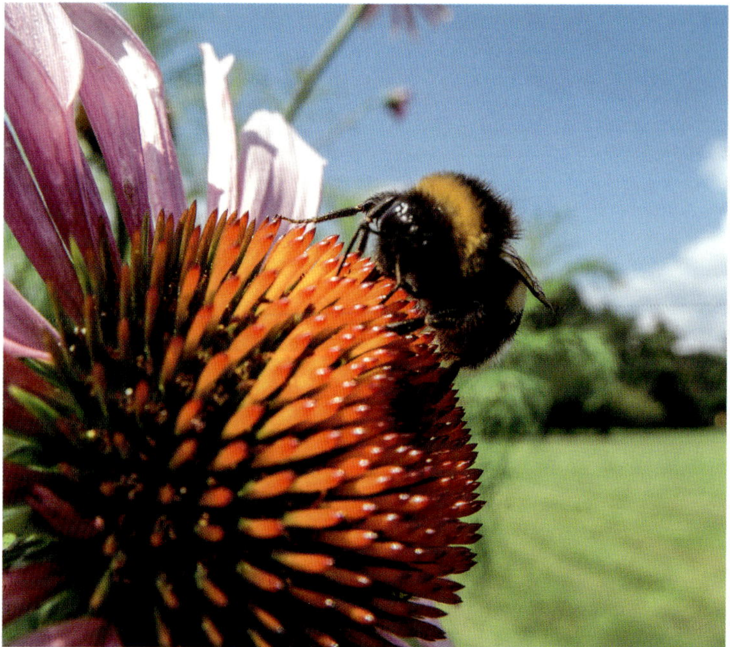

ISO 100 / 50 mm / ƒ2.8 / 1/1000 s
Gärten der Welt: Dieses Foto habe ich nicht mit dem Makroobjektiv aufgenommen, sondern meine Kompaktkamera mit Makromodus hat mir ausgeholfen.

Die Berliner Parkanlagen, Stadtwälder und Gärten bieten faszinierende Motive für Makrofotografie. Makroobjektive haben in der Regel eine Brennweite zwischen 50 mm bis 200 mm und eine relativ große Offenblende (*f*2). Was aber ein Makroobjektiv grundsätzlich ausmacht, ist die Naheinstellgrenze, die es erlaubt, sehr nah an ein Objekt heranzugehen.

Beachte die Fluchtdistanz

Einer Blume oder einem Regentropfen ist es egal, wie nah du ihr oder ihm kommst. Hier geht es um Strukturen, Formen und Details. Doch wenn du zum Beispiel im Ökowerk im Grunewald Schmetterlinge oder Frösche fotografieren willst, sehen diese Tierchen dein Makroobjektiv auf sich zukommen und suchen das Weite, wenn die Fluchtdistanz unterschritten wird.

Viele klassische Zoomobjektive oder Kompaktkameras verfügen über eine brauchbare Makrofunktion, die du hinzuschalten kannst. Ich selbst habe kein Makroobjektiv, sondern behelfe mir mit meinem Teleobjektiv sowie hin und wieder mit meiner Kompaktkamera, mit der ich im Makromodus fotografiere. Hat bisher toll geklappt.

TIPP FÜR DEINE BILDGESTALTUNG: GEHE AUF AUGENHÖHE

Wenn du mit einem Kind redest, gehst du in die Knie. Du bist auf Augenhöhe. So solltest du in der Wahl deiner Fotoperspektive vorgehen. Das schafft Authentizität, denn die Perspektive der Kleinen spiegelst du im Foto wider.

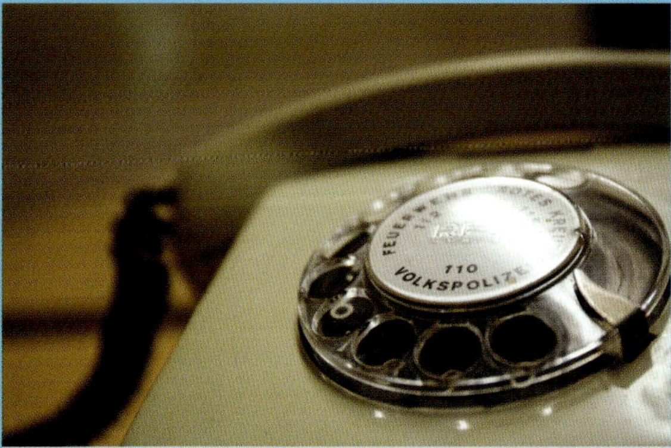

ISO 800 / 70 mm / ƒ4.5 / 1/100 s
Gedenkstätte Hohenschönhausen: Die Wirkung kleiner Motive verstärkst du, wenn du auf Augenhöhe gehst. Fotos wirken natürlich, die Größenverhältnisse stimmen.

Tipps für dein Tierfoto

Berlin gilt als Hauptstadt der Wildschweine. Knapp 5000 Tiere sollen sich auf dem Stadtgebiet tummeln. Doch auch in Tierparks im Berliner Stadtzentrum und in zahlreichen Gehegen findest du tolle Möglichkeiten für tierische Motive.

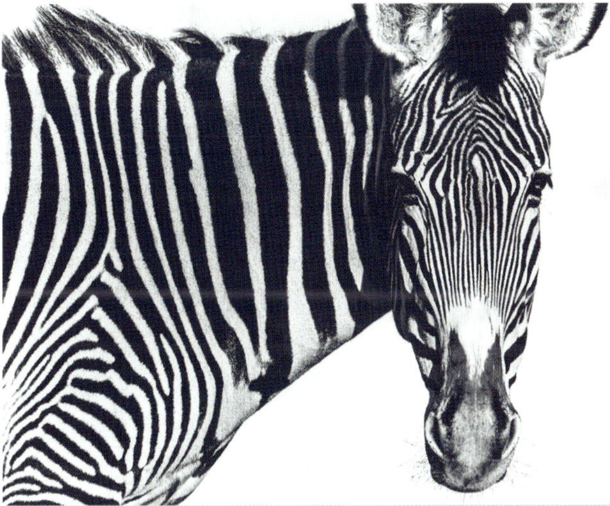

ISO 320 / 500 mm / f6.3 / 1/1250 s
Zoo Berlin: Ich finde es spannend, mir ein Konzept zu überlegen. So habe ich zum Beispiel Schwarz-Weiß-Porträts oder Tiere hinter Gittern als Thema ausgesucht.

Wenn ich Tiere im Zoo fotografiere, gehe ich vor wie in der klassischen Porträtfotografie. Ich lege den Fokus auf die Augen und wähle eine große Blende. Sobald aber die Tiere in Bewegung sind, muss ich ein Auge auf meine Verschlusszeit halten. Denke daran: Je höher die Zahl (z. B. 1/500 s), umso kürzer ist die Verschlusszeit und umso weniger Licht kann auf deinen Kamerasensor fallen. Deaktiviere deinen Blitz, um das Tier nicht zu erschrecken. Die Aufmerksamkeit des Tiers bekommst du entweder durch Geduld oder ein leises Geräusch, mit dem du auf dich aufmerksam machst. Dabei hilft dir zum Beispiel eine knisternde Plastiktüte.

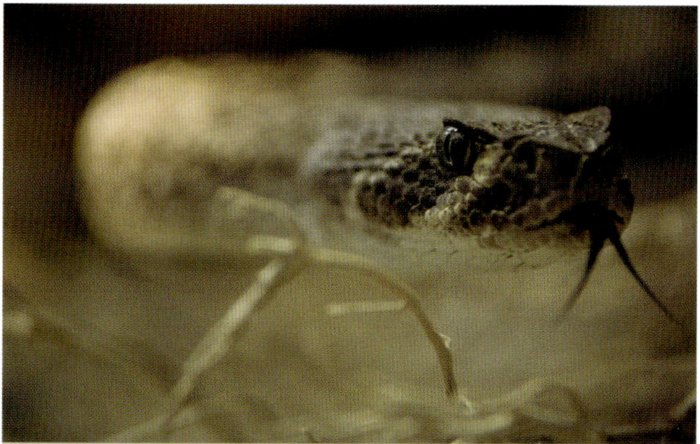

ISO 800 / 200 mm / ƒ3.5 / 1/640 s
Aquarium im Zoo Berlin: Der Fokus auf dem Auge und die tiefe Kameraposition machen das Foto aus.

TIPP FÜR DEINE BILDGESTALTUNG: GEHE NAH RAN

Der amerikanische Fotograf Robert Capa hat einmal die „Goldene Regel der Reportagefotografie" aufgestellt:

„Wenn deine Bilder nicht gut genug sind, warst du nicht nah genug dran."

Versuche, dir den Satz Capas zu eigen zu machen. Gehe beim nächsten Foto näher ran. Du wirst erstaunt sein, wie sich das Motiv verändert.

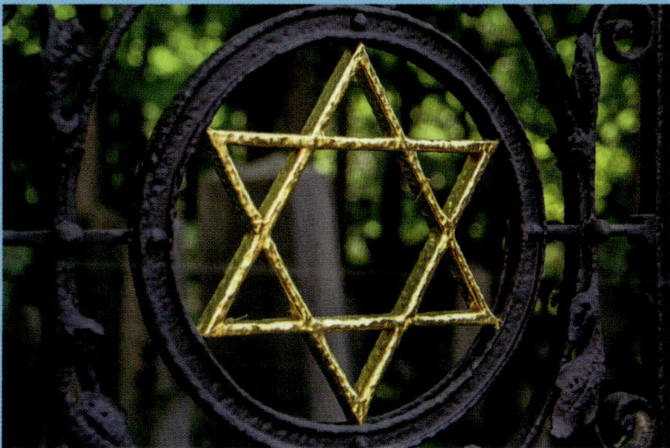

ISO 200 / 50 mm / ƒ4 / 1/250 s
Jüdischer Friedhof Weißensee: Die Wirkung deines Motivs kannst du durch Nähe extrem verstärken.

Tipps für dein Sonnenuntergangsfoto

Der Sonnenuntergang über Berlin gehört sicher zu den beliebtesten Motiven. Dafür solltest du zu allererst die Vollautomatik inklusive Blitz ausschalten. Die extremen Helligkeitsunterschiede überfordern deine Belichtungsmessung. Du möchtest ja die optimale Farbvielfalt des Himmels auf deinem Foto darstellen.

Solltest du nicht in RAW fotografieren, stelle deinen Weißabgleich von Automatik auf Wolken oder Schatten, da sonst oft die warmen Farbtöne zu kalt wiedergegeben werden.

RAW – DEIN DIGITALES NEGATIV

Die RAW-Datei ist das Rohdatenformat (engl. raw = „roh“) deines digitalen Fotos. In diesem Format bleiben im Gegensatz zum JPEG-Format sämtliche vom Bildsensor erfassten Details (Farbe, Helligkeit ...) vollständig erhalten. Damit hast du in der Nachbearbeitung viel mehr Spielraum in der Bildentwicklung. Du kannst im Kameramenü auf die Speicherung in RAW umstellen.

Wolken geben tolle Kontraste

Sofern das Wetter es erlaubt, warte auf ein paar Wolken oder Dunst am Himmel. Das streut dein Licht und gibt tolle Kontraste im Foto. Experimentiere mit einer leichten Unterbelichtung für noch kräftigere Farben und tolle dunkle Silhouetten.

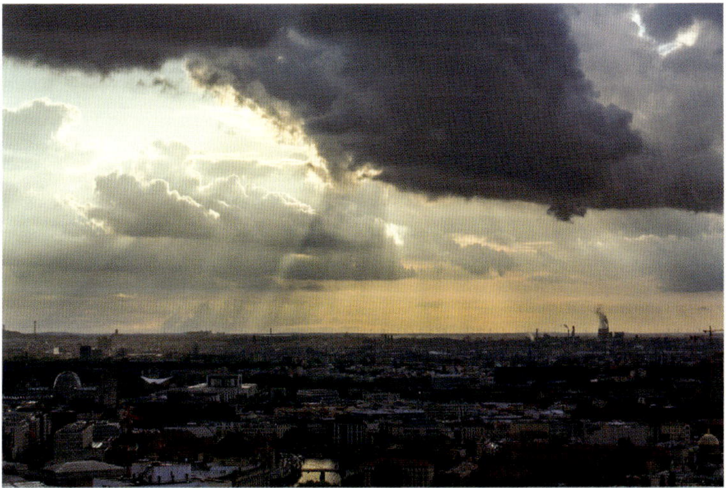

ISO 200 / 80 mm / ƒ16 / 1/160 s
Blick vom Hotel ParkInn mit spannenden Wolken und Sonne über Berlin.

Versuche je nach Restlicht den ISO-Wert gering zu halten. Das garantiert dir rauschfreie Bilder. Packe zur Sicherheit Stativ und Fernauslöser in die Fototasche.

Überlege dir vorher, wo du fotografieren willst

Egal ob du vom Parkdeck der Neukölln Arcaden oder von der Elsenbrücke aus fotografierst – bevor die Sonne untergeht beziehungsweise aufgeht, solltest du überlegen, von welcher Position aus du einen besonders guten Blick auf den Sonnenuntergang hast. Da sich das Licht sehr schnell verändert, hast du während des Sonnenuntergangs wenig Gelegenheit für viele Ortswechsel.

LINKTIPPS

Eine tolle Hilfe sind Apps wie LightTrac oder Photopills sowie Webseiten wie www.suncalc.net. Diese zeigen dir, zu welchem Zeitpunkt und an welchem Standort die Lichtverhältnisse ideal sind. Das macht deine Fotoplanung einfacher.

Auf **www.ig-fotografie.de/fotografieren-in-berlin-buch** habe ich dir weitere Tipps zusammengestellt. Gib auf der Seite das Passwort **Gendarmenmarkt** ein.

MERKREGEL

Willst du gegen oder mit der Sonne fotografieren? Denke an die Grundschul-Merkregel: „Im Osten geht die Sonne auf, im Süden ist ihr Mittagslauf, im Westen will sie untergehen, im Norden ist sie nie zu sehen."

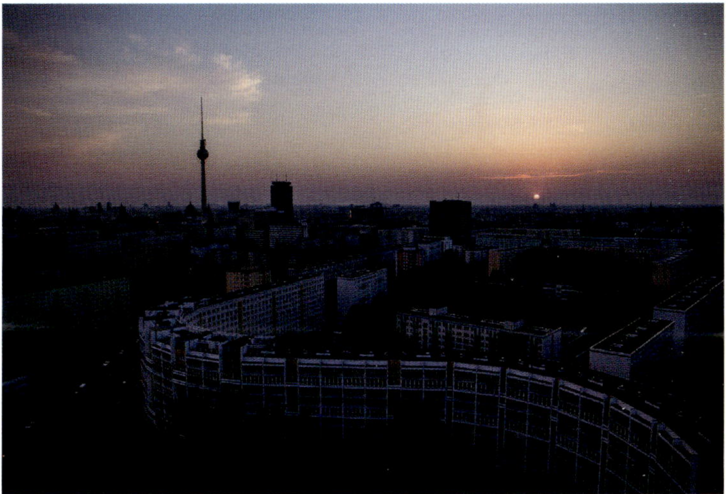

ISO 100 / 24 mm / f4 / 1/160 s
Platz der Vereinten Nationen: Suche dir Panoramaplätze und beobachte, wie die Sonne verschwindet.

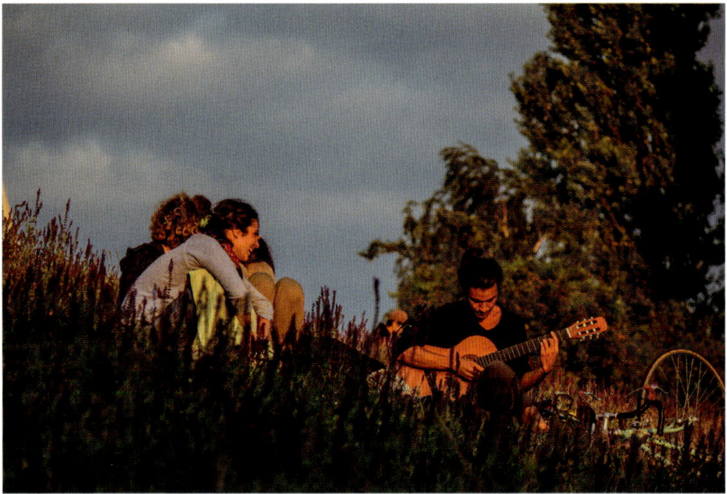

ISO 400 / 131 mm / ƒ5 / 1/320 s
Mauerpark: Eine eigentlich ganz alltägliche Szene kann der perfekte Moment für dein Foto sein.

Tipps für dein Porträtfoto

Berlin bietet dir tolle Voraussetzungen für das urbane Porträt abseits der klassischen Touristenfotos. Ein gutes Porträt setzt den Charakter deines Gegenübers optimal in Szene. In der Regel fotografiere ich ein Porträt mit großer Blende (ƒ4.0) oder sogar Offenblende. Suche dir einen spannenden, urbanen Hintergrund für dein Porträt.

BOKEH

Bokeh (japanisch für „verschwommen") wird in der Fotografie der Bereich genannt, der unscharf abgebildet wird. Für ein besonders schönes Bokeh sollte der Unschärfebereich wie Ringe oder Kreise aussehen und eher weich sein.

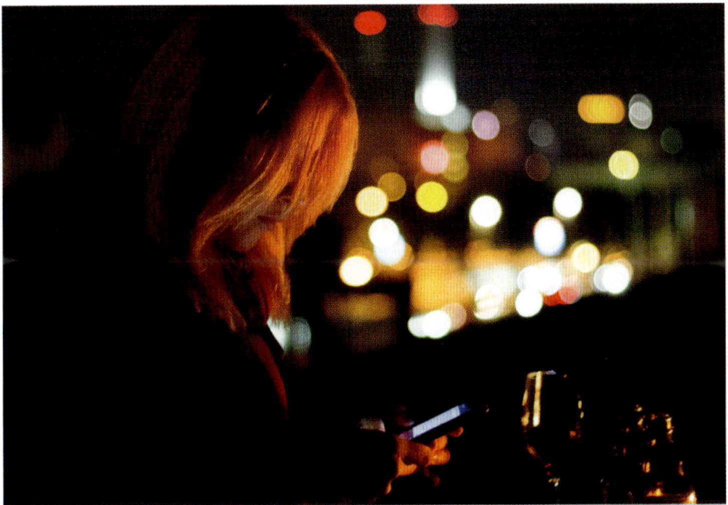

ISO 3200 / 50 mm / ƒ1.8 / 1/50 s
Wenn du bei schwachem Licht mit Festbrennweite und großer Blende fotografierst, verschwimmt dein Hintergrund in der Unschärfe oder Lichtreflexe liefern ein cooles Bokeh.

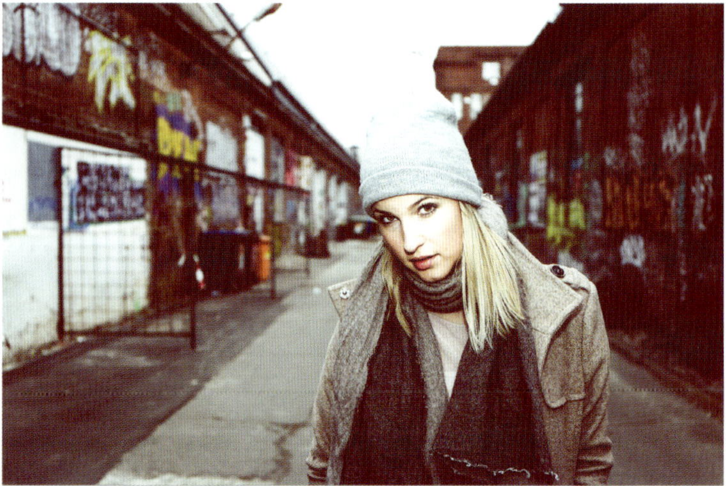

ISO 100 / 41 mm / ƒ4 / 1/80 s und Blitz
Arena Berlin: Model Teresa in urbaner Großstadtkulisse.

Beziehe die Umgebung mit ein

Durch die Wahl einer mittleren Blende (*f*5.6) und einer weitwinkeligen Brennweite kannst du den Hintergrund unscharf, aber noch erkennbar abbilden. So lassen sich tolle Reiseporträts vor bekannten Orten wie dem Brandenburger Tor oder der Oberbaumbrücke fotografieren. Der Betrachter weiß sofort, wo das Foto aufgenommen wurde.

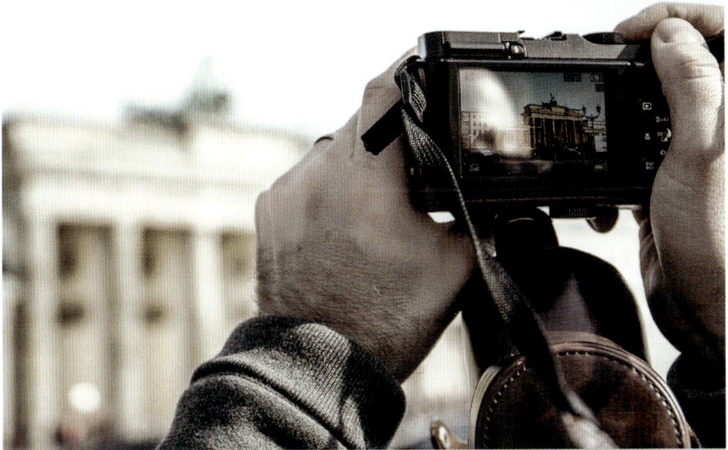

ISO 100 / 45 mm / f4 / 1/320 s
Geh nah ran: die Spiegelung des Brandenburger Tors in der Sonnenbrille oder der Schulterblick auf dem Kameradisplay als Alternative zum klassischen Touristenmotiv.

Spaß macht das Spiel mit Requisiten wie einem Postkartenständer, Graffiti an der Wand, einem Handydisplay oder einer spiegelnden Sonnenbrille.

TIPP FÜR DEINE BILDGESTALTUNG: WECHSEL DIE PERSPEKTIVEN

Es gibt Unmengen an Möglichkeiten, ein Motiv in Szene zu setzen. Limitiere dich nicht auf die dir vertraute Perspektive. Probiere eine Vielzahl an Einstellungen aus. Du wirst begeistert sein, wie deine Fotoreihe wirkt, wenn du verschiedene Perspektiven versuchst. Schau über die Schulter, gehe auf Augenhöhe, stelle dich auf eine Mauer und fotografiere von oben. Gehe in die Froschperspektive und fotografiere nach oben. Das gleiche Motiv verändert sich mit jedem Foto.

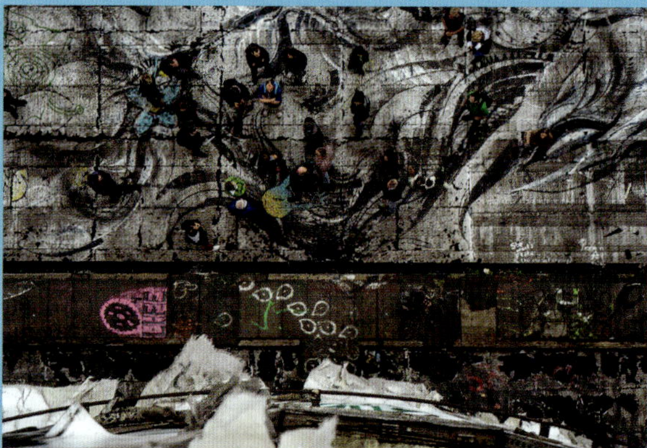

ISO 100 / 55 mm / ƒ6.3 / 1/60 s
Teufelsberg: Mit ungewöhnlichen Perspektiven überraschst du den Betrachter. Es braucht etwas, bis man hier den Blick von oben nach unten erkennt.

101 ORTE IN BERLIN

Ich bin immer auf der Suche nach guten Orten und Fotospots zum Fotografieren. Hier findest du einige meiner Berliner Lieblingslocations. Lass dich inspirieren und gehe mit mir auf Entdeckungsreise durch die Hauptstadt.

In diesem Buch zeige ich dir meine Lieblingsorte und erkläre dir, wie ich das Foto gemacht habe und wie ich hingekommen bin. Zudem verrate ich dir technische Details zur Aufnahme. Lass dich davon inspirieren, aber fotografiere dein persönliches Foto. Gerade wenn du draußen fotografierst, ist es fast unmöglich, ein Foto zu wiederholen und dabei zum gleichen Ergebnis zu kommen.

„Ohne Fotografie ist der Moment für immer verloren, so als ob es ihn nie gegeben hätte."

Richard Avedon, US-amerikanischer Fotograf

Auch ich habe mich bei der Erstellung dieses Buches weiterentwickelt. Manche Orte habe ich wieder und wieder besucht und neue Details entdeckt. Dabei ist immer ein neues, eigenes Foto entstanden. Ich wünsche dir viel Spaß bei deinem persönlichen Fotoabenteuer.

Gärten der Welt

Thema: Landschaft/Makro
Adresse: Eisenacher Straße 99, 12685 Berlin
Anreise: S-Bahn Marzahn, von dort 10 Minuten per Bus

Über den Ort

Ausgestattet mit Weitwinkel, Festbrennweite und Teleobjektiv habe ich mich auf die Suche nach Landschaftsmotiven und Makroaufnahmen gemacht. Hier wimmelt es von Libellen, Bienen & Co. Lass dir den Chinesischen Garten nicht entgehen, denn er gilt als einer der schönsten Gärten Europas.

Umsetzung

1. Der Orientalische Garten ist geometrisch angelegt. Suche dir die Mitte zwischen den Fontänen, um die perspektivische Wirkung zu verstärken. Der Blick wird wie durch eine Gasse zu den Fontänen geleitet.
2. Mit mittlerer Blende (ab $f5$) hast du den Vordergrund in leichter Unschärfe und führst den Blick durch die Fontänen hin zum Haus. Fokuspunkt ist das Haus.
3. Wähle eine kurze Belichtungszeit (1/1250 s), um die Wasserfontänen in der Bewegung einzufrieren.

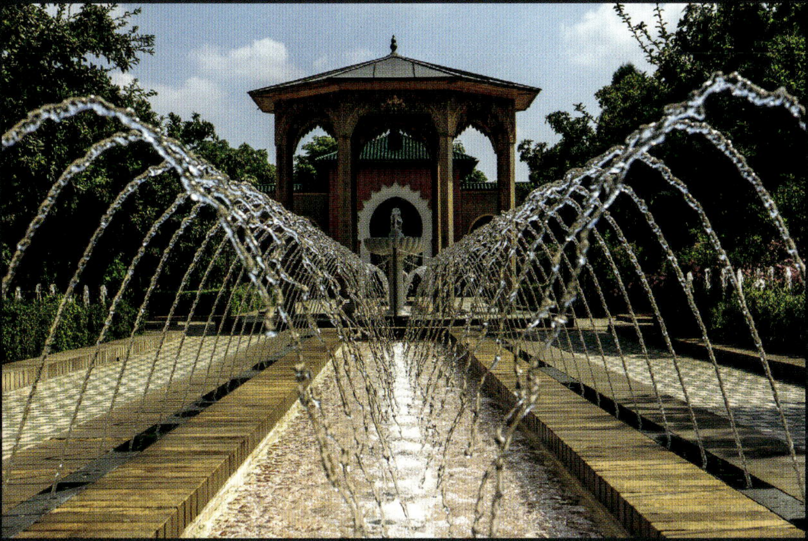

Der Blick führt durch die Fontänen zum kleinen Haus. Probiere unterschiedliche Belichtungszeiten und beobachte, wie sich das Wasser verändert.

ISO 100 / 35 mm / ƒ5 / 1/1250 s

Gendarmenmarkt

Thema: Architektur
Adresse: Gendarmenmarkt, 10117 Berlin
Anreise: U-Bahn Stadtmitte

Über den Ort

Der Gendarmenmarkt wird von drei monumentalen Bauten beherrscht: dem Deutschen Dom, dem Französischen Dom und dem Konzerthaus. Nimm dir etwas Zeit und versuche dein Foto zu strukturieren, statt alles auf das Foto bekommen zu wollen.

Umsetzung

1. Wähle mit dem Weitwinkelobjektiv einen niedrigen Sichtpunkt. Das verstärkt Dramatik und Größe, zudem macht es Spiegelungen und Strukturen des Bodens sichtbar. So führen die Linien auf dem Kopfsteinpflaster hin zum Konzerthaus.
2. Die längere Belichtungszeit (1–2 s) betont die Bewegung der Menschen. Dafür benötigst du ein Stativ.
3. Durch eine kleine Blende (ab f12) bildest du sowohl die Struktur der Steine im Vordergrund als auch das Konzerthaus scharf ab.

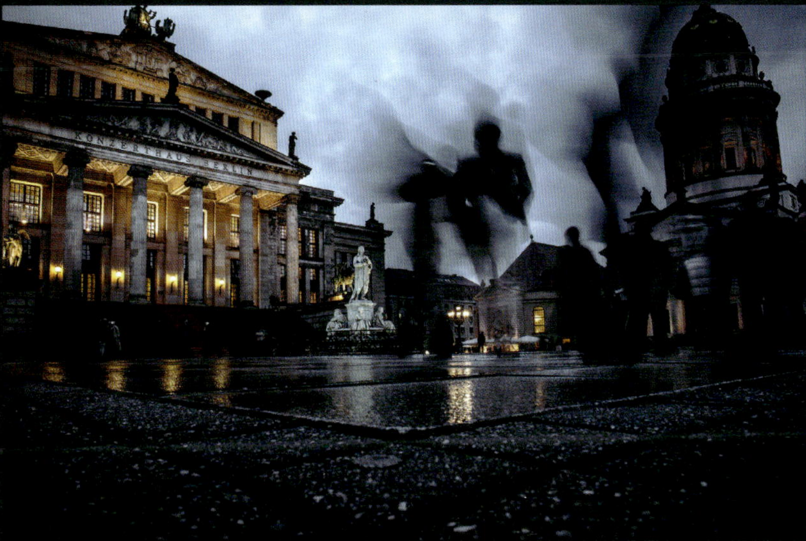

Graues Regenwetter treibt die Menschen über den Platz.
Die Gebäude strahlen im Hintergrund.

ISO 500 / 24 mm / f22 / 1,6 s

Olympiastadion

Thema: Architektur
Adresse: Olympischer Platz 3, 14053 Berlin
Anreise: U-Bahn Olympiastadion

Über den Ort

Das auf Sichtachsen angelegte Olympiagelände ist anlässlich der Olympischen Sommerspiele 1936 entstanden. Achte bei deinen Fotos auf Perspektiven, Fluchten und die Blickführung.

Umsetzung

1. Menschen machen Architekturfotografie greifbar. Hier schaut ein Junge verträumt ins Stadion. Ironischerweise trägt er im Hertha-Stadion ein Bayern-München-Trikot.
2. Die tiefe Kameraperspektive mit einem Weitwinkel (13 mm) betont die Größe des Baus. Platziere deinen Hauptdarsteller im Vordergrund im linken oder rechten unteren Bildrand. Man sagt ja auch: Jedes Foto braucht einen Vordergrund.
3. Durch die Weite erreichst du trotz großer Blende (*f*3.5) eine durchgängige Tiefenschärfe.

TIPP: WEITERE MOTIVE

Die Katakomben um das Stadion liefern tolle Motive für das Spiel mit Perspektiven. Wenn du den Schattenwurf der Olympischen Ringe auf dem Vorplatz fotografieren willst, hast du nachmittags das beste Licht.

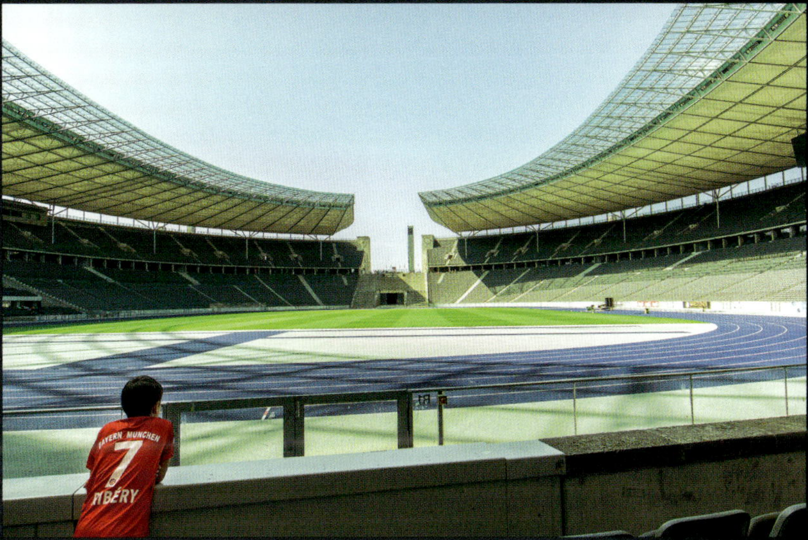

Manchmal lohnt es sich, auf den passenden Moment zu warten.
Der kleine Junge verleiht dem Foto viel Sympathie.

ISO 200 / 13 mm / f3.5 / 1/640 s

Beelitz-Heilstätten

Thema: Lost Places
Adresse: Beelitz-Heilstätten, 14547 Beelitz
Anreise: per Regionalbahn bis Bahnhof Beelitz-Heilstätten
Infos: www.beelitzer-heilstaetten.de und www.go2know.de

Über den Ort

Zerbrochene Scheiben, fahles Licht und blätternder Putz – die Natur holt sich alles zurück. Über das alte Sanatorium für Tuberkulosepatienten kursieren diverse Spukgeschichten.

Umsetzung

1. Mein Motiv entstand auf dem Areal der Frauenklinik. Ich habe mein Stativ mittig im Gang platziert. Seitlich einfallendes Licht gibt Tiefenwirkung und Weite. Achte auf die Formen und Linien der Schatten, sie lenken den Blick.
2. Wähle für eine gute Tiefenschärfe eine mittlere bis kleine Blende (*f*11). Um die Kontrastwirkung und die Farben des abblätternden Putzes zu verstärken, belichte um eine Blendenstufe niedriger (Belichtungsmesser auf –1 stellen).
3. Deaktiviere nach dem Scharfstellen den Autofokus. Ich habe trotz dunklem Gang eine relativ kurze Belichtungszeit von 2,5 s gewählt. So erhältst du die dunkle, mystische Stimmung. Achte auf einen niedrigen ISO-Wert (100–400) und vermeide ein Bildrauschen.

TIPP: TOUR MIT GUIDE

Das Betreten der Gebäude ist verboten. Doch ermöglichen Fototour-Anbieter wie z. B. go2know den legalen Zugang zu den Gebäuden. Denke an ein Stativ und eine Taschenlampe.

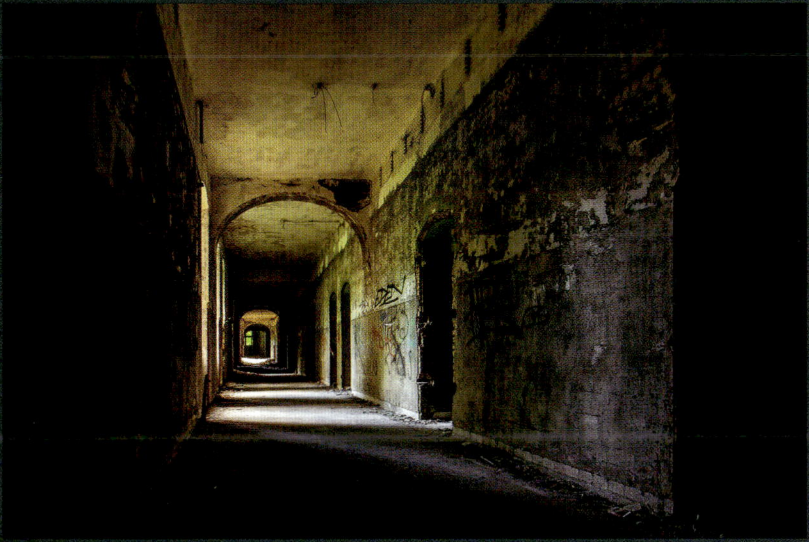

Vormittags oder am frühen Abend hast du schönes Licht in den langen Fluren.

ISO 400 / 10 mm / f11 / 2,5 s

Schlesisches Tor

Thema: Architektur
Adresse: Schlesisches Tor, 10997 Berlin
Anreise: U-Bahn Schlesisches Tor

Über den Ort

Der Hochbahnhof „Schlesisches Tor" befindet sich über einem kleinen Platz, unweit der Oberbaumbrücke im Ortsteil Kreuzberg.

Umsetzung

1. Am frühen Abend leuchten die Lichter im Bahnhof. Vom Bahnsteig in Richtung Warschauer Straße hast du einen schönen Blick auf die dahinterliegenden Häuser.
2. Als Brennweite habe ich mich für eine weitwinkelige Einstellung entschieden (23 mm), da zwischen den Gleisen nur wenig Abstand ist. Achte bei der Wahl deiner Brennweite darauf, dass du nicht das Dach des gegenüberliegenden Bahnsteigs im Bild hast.
3. Mit höherem ISO-Wert (400–800) kannst du am frühen Abend aus der Hand fotografieren und hast alle Details im Bahnhof in voller Schärfe und Helligkeit, ohne in der Belichtungszeit (hier: 1/100 s) runtergehen zu müssen.

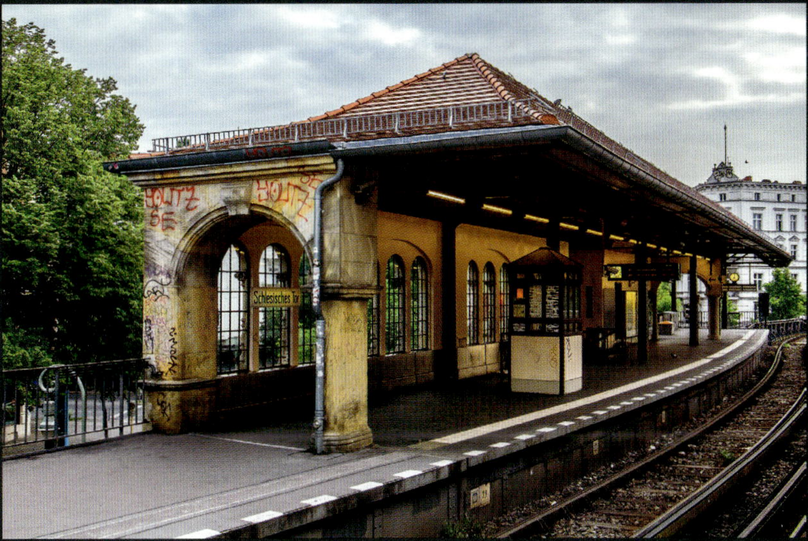

Ich finde die Station faszinierend, weil beide Bahnsteige wie kleine Häuschen vor den dahinterliegenden Gebäuden hervorstechen.

ISO 400 / 23 mm / ƒ8 / 1/100 s

Alexanderplatz

Thema: Architektur/Street
Adresse: Alexanderplatz, 10178 Berlin
Anreise: S-Bahn Alexanderplatz
Infos: www.alexanderplatz.com

Über den Ort

Der Alexanderplatz ist hässlich. Das war mein erster Eindruck. Grauer Beton neben Großfilialen bekannter Einkaufsketten. Doch wer sich auf den Alex einlässt, erkennt den Charme dieses zentralen, fast rechteckig angeordneten Verkehrsknotenpunktes.

Umsetzung

1. Mein Motiv zeigt die Leuchtbuchstaben am Bahnhof in Richtung Alexanderplatz. Im Hintergrund erhebt sich der Fernsehturm – ein Motiv mit hoher Symbolwirkung.
2. Dazu habe ich ein Weitwinkelobjektiv gewählt (15 mm).
3. Halte den ISO-Wert niedrig. Die ideale Zeit ist die Blaue Stunde, dann leuchtet der Ort noch stärker. Für noch mehr Lichteinfall habe ich eine größere Blende (*f*4) gewählt.

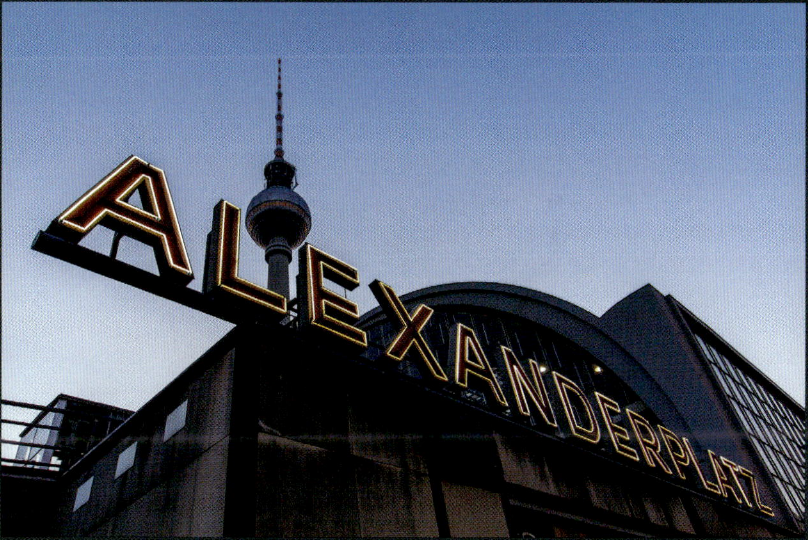

Dieses Motiv funktioniert im Hochformat, wenn du die Buchstaben ALEX und den Turm als Ausschnitt wählst.

ISO 100 / 15 mm / ƒ4 / 1/80 s

Oberbaumbrücke

Thema: Architektur/Street/Porträt
Adresse: Oberbaumbrücke, 10243 Berlin
Anreise: U-Bahn Schlesisches Tor/Warschauer Straße

Über den Ort

Die Oberbaumbrücke verbindet die Ortsteile Kreuzberg und Friedrichshain und ist zudem ein ehemaliger Grenzübergang. Insbesondere der gewölbeartige Fußgängertunnel mit der Sichtachse ist ein tolles Motiv. Für ein Motiv in voller Größe empfehle ich dir, von der Stralauer Allee aus zu fotografieren.

Umsetzung

1. Während oben die Züge fahren, kreuzen unten Autos und Fußgänger die Brücke. Das kannst du am besten am frühen Abend per Langzeitbelichtung in Szene setzen. Dafür benötigst du ein Stativ.
2. Belichte auf die hellsten Bereiche deines Bildes, um Überblendungen zu vermeiden. Ich habe eine mittlere Blende (ƒ6.3) verwendet, um sowohl die Struktur der Brücke als auch den Blick auf die Spree im Schärfebereich zu haben.
3. Durch die lange Belichtungszeit (30 s) wird der über die Brücke fahrende Zug zu einem hellen Lichtstreifen.

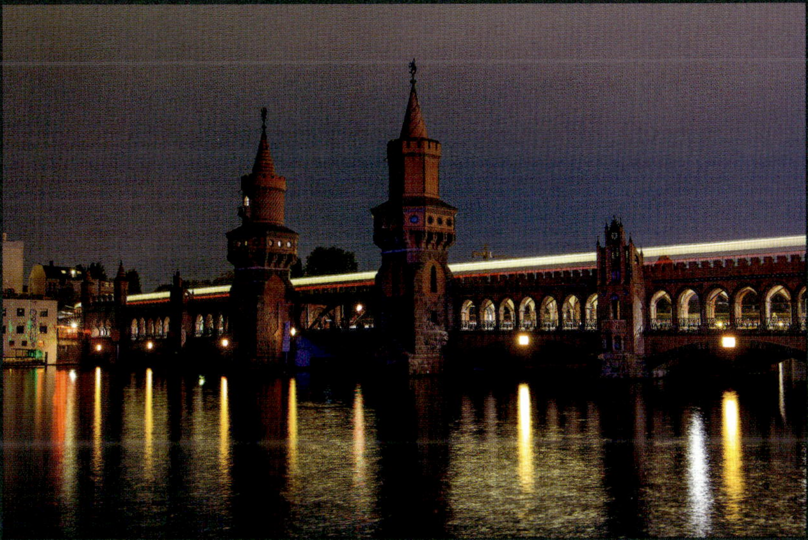

Mauergewölbe und Himmel kommen besonders in den Abend- oder frühen Morgenstunden zur Geltung.

ISO 100 / 24 mm / f6.3 / 30 s

Arena Berlin

Thema: Street/Urban Art/Porträt
Adresse: Eichenstraße 4, 12435 Berlin
Anreise: U-Bahn Schlesisches Tor oder S-Bahn Treptower Park und jeweils 10 Minuten Fußweg

Über den Ort

Die kleine Gasse auf dem Veranstaltungsgelände Arena Berlin wirkt surreal durch die an Drähten hängenden Lampions und den Charme des Verfalls. Graffiti machen die grauen Wände lebendig.

Umsetzung

1. Ein aufkommendes Unwetter lieferte einen dramatischen Himmel. Als Standort habe ich den Blick in die Gasse gewählt, sodass der Betrachter dieser folgt.
2. Durch eine mittlere Blende (f6) erzielst du eine optimale Tiefenschärfe, und Lampions, Graffiti sowie der Himmel liegen im Schärfebereich. Belichte eine Stufe tiefer, um noch mehr Kontrast in dein Foto zu bekommen.
3. Am frühen Abend sind die Lichter eingeschaltet. Das gibt deinem Foto den surrealen Charakter. Ich habe den ISO-Wert etwas erhöht, da ich ohne Stativ aus der Hand fotografiert habe.

TIPP: WEITERE MOTIVE

Weitere schöne Motive sind das Badeschiff oder der Trödelmarkt am Wochenende.

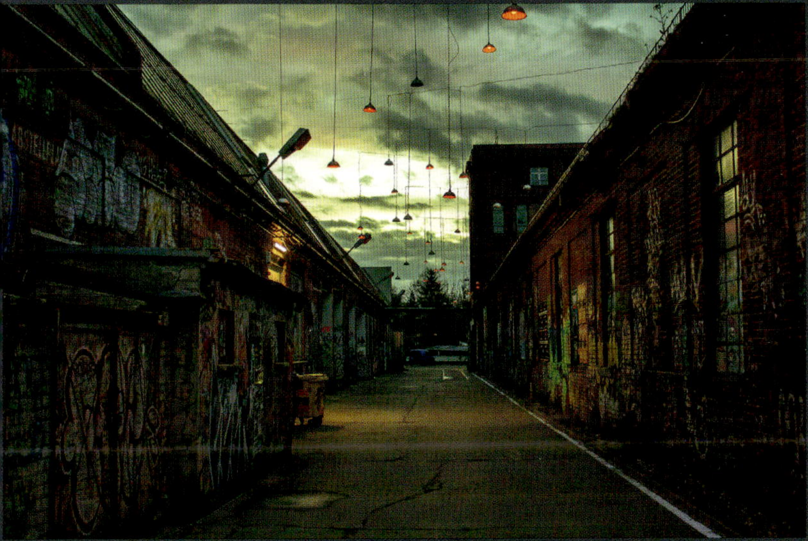

Achte auf die Linien und führe den Blick des Betrachters die Gasse entlang.

ISO 800 / 29 mm / f6 / 1/40 s

Berliner Reichstag

Thema: Architektur
Adresse: Platz der Republik 1, 11011 Berlin
Anreise: U-Bahn Bundestag
Infos: www.bundestag.de/besucher
Unbedingt den Personalausweis mitnehmen!

Über den Ort

Bei klassischen Motiven wie dem Reichstag macht es Spaß, ein gewisses Etwas hinzuzufügen. Damit gestaltest du das Foto interessanter.

Umsetzung

1. Es hatte gerade geregnet. So hatte ich das Glück, dramatische Wolken sowie Reflexionen in den Pfützen zu haben.
2. Für eine optimale Tiefenschärfe wähle eine größere Blende (ƒ4.5). Fokussiere auf die Pfütze im Vordergrund, damit die Spiegelung scharf abgebildet ist.
3. Wähle eine weitwinkelige Brennweite (10–20 mm) und eine tiefe Perspektive, um das Gebäude voll auf das Foto zu bekommen.

TIPP: NUTZE SPIEGELUNGEN

Selbst kleinste Pfützen können bei niedrigem Blickwinkel oder aus nächster Nähe tolle Perspektiven bieten. Alternativ können Glasscheiben oder Autospiegel Bereicherungen für gespiegelte Motive sein.

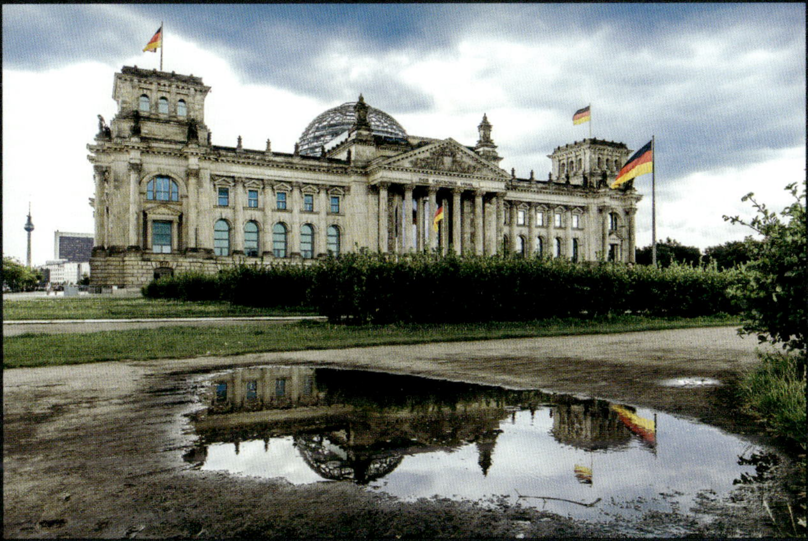

Eine Pfütze kann ein eigentlich „normales“ Motiv sehr viel interessanter machen.

ISO 200 / 16 mm / ƒ4.5 / 1/80 s

Fernsehturm Berlin

Thema: Architektur
Adresse: Panoramastraße 1A, 10178 Berlin
Anreise: U-Bahn/S-Bahn Alexanderplatz
Infos: www.tv-turm.de

Über den Ort

Der Berliner Fernsehturm ist mit 368 Metern das höchste Bauwerk Deutschlands. Für das klassische Fernsehturmfoto bevorzuge ich den Blick vom Hotel ParkInn. Auch macht es Spaß, rund um den Fernsehturm mit dem Wahrzeichen Berlins zu spielen.

Umsetzung

1. Für mein Foto habe ich mir eine Glasfront unweit des Fernsehturms gesucht (S-Bahn Alexanderplatz zum Ausgang „Fernsehturm").
2. Fokussiere auf die Spiegelung in der Fassade. Achte darauf, dass sowohl Fassade als auch Spiegelbild scharf abgebildet sind. Gleiche das gegebenenfalls über die Wahl der Blende aus. Ich habe mit einer mittleren Blende fotografiert (ƒ8).
3. Beobachte die Linienführung. Hier ergibt sich eine schöne Symmetrie aus Fassadenplatten und Spiegelung. Probiere bei solchen Motiven das nachträgliche Spiegeln in der Bildbearbeitung. Wie verändert sich die Bildwirkung?

TIPP: FOTOS BEI NACHT HINTER GLAS

Die abendliche Skyline vom Fernsehturm aus ist ein tolles Motiv. Allerdings stehst du hier hinter Glas. Packe dir ein Handtuch oder Ähnliches ein, um etwaige Glasreflexionen um dein Objektiv herum abzudecken.

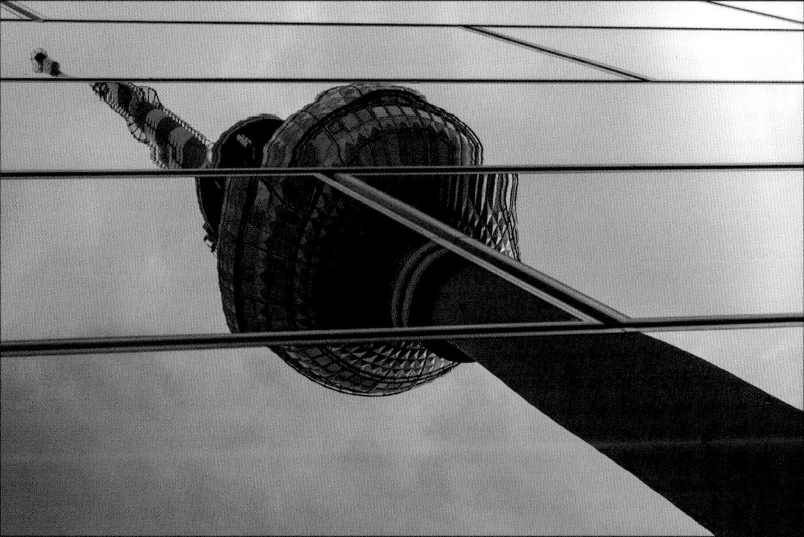

Bekannte Orte lassen sich mit ungewöhnlichen Blickwinkeln origineller darstellen.

Elsenbrücke

Thema: Panorama/Sonnenuntergang
Adresse: Elsenbrücke, 12435 Berlin
Anreise: S-Bahn bis Treptower Park, von dort ca. 5 Minuten zu Fuß

Über den Ort

Die Elsenbrücke verbindet die Stadtteile Treptow und Friedrichshain. Hier hast du den perfekten Postkartenblick über die Spree inklusive der Berliner Wahrzeichen Molecule Man, Fernsehturm und Oberbaumbrücke.

Umsetzung

1. Mein Foto ist nach Sonnenuntergang entstanden, sodass es kein Gegenlicht mehr gab, der Himmel aber Struktur in bunten Farben hatte.
2. Durch die relativ kurze Belichtungszeit (1/20 s) ist noch Struktur im Wasser zu sehen. Variiere hier verschiedene Belichtungszeiten. Ab Belichtungszeiten von 0,5 s oder länger verwandelt sich die Wasseroberfläche in eine seidige Oberfläche. Für die optimale Bildwirkung packe dir Stativ und Kabelfernauslöser ein.
3. Halte den ISO-Wert niedrig und gleiche das über eine längere Belichtungszeit aus. Wähle zudem eine mittlere bis kleine Blende (hier: ƒ5.6), sodass du eine optimale Tiefenschärfe bekommst.

TIPP: ÜBERBELICHTUNG IN DER NACHT

Achte bei längerer Belichtung auf die Ausgewogenheit zwischen dem Kunstlicht der Häuser und natürlichem Licht. Sofern vorhanden: Aktiviere die Überbelichtungswarnung in deiner Kamera.

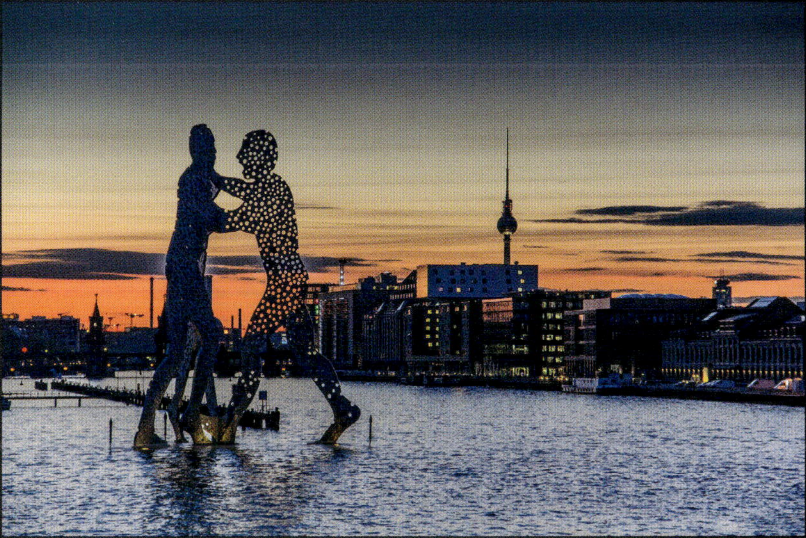

Ich wusste sofort, dass ich von hier aus unbedingt den Sonnenuntergang fotografieren wollte.

ISO 400 / 77 mm / ƒ5.6 / 1/20 s

Flughafen Tempelhof

Thema: Architektur/Lost Place
Adresse: Platz der Luftbrücke 2, 12101 Berlin
Anreise: U-Bahnhof Platz der Luftbrücke
Infos: www.thf-berlin.de

Über den Ort

Auch Jahre nach der offiziellen Schließung ist der Flughafen Tempelhof Mythos und Symbol für die Freiheit. Die Rosinenbomber und die Luftbrücke von 1948/49 haben den Flughafen weltberühmt gemacht. Die Gebäude bieten viele Details wie die alte Empfangshalle, das Casino oder die Bunkeranlagen der US-Soldaten. Auf der Internetseite www.thf-berlin.de kann man Führungen durch das Gebäude buchen.

Umsetzung

1. Ich greife die klassischen Tempelhof-Symbole auf: Flugzeug und Hangar. Der Himmel als Element der Weite bekommt viel Platz im Foto.
2. Ich empfehle dir eine kleine bis mittlere Blende, um sowohl Flugzeug und Hangar scharf abzubilden. Im Ausschnitt habe ich einen weiten Winkel von 25 mm Brennweite gewählt.
3. Die Umwandlung in ein Schwarz-Weiß-Bild gibt dem Foto eine gewisse Dramatik und den historischen Charakter.

TIPP: NOCH EIN ROSINENBOMBER

Ein weiteres Model der legendären Rosinenbomber findest du über dem Eingang zum Technikmuseum.

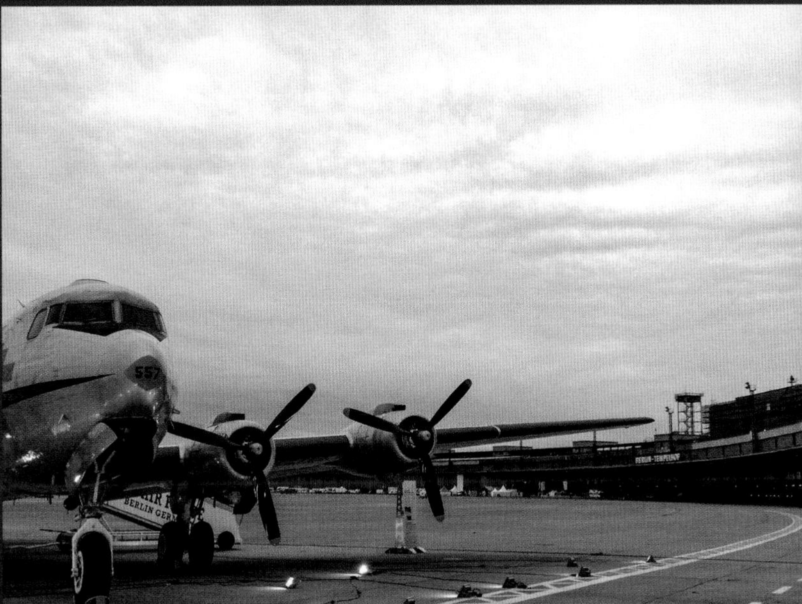

Der alte „Rosinenbomber“ im Anschnitt ist der Blickfang des Fotos und leitet den Blick zum Hangar.

ISO 100 / 25 mm / f5.6 / 1/120 s

Viktoriapark

Thema: Landschaft/Sonnenuntergang
Adresse: Kreubergstraße/Katzbachstraße, 10965 Berlin
Anreise: per Bus 140 ab S-Bahn Ostbahnhof oder S/U-Bahn Tempelhof, von dort ca. 10 Minuten zu Fuß

Über den Ort

Der Viktoriapark ist ein knapp 13 Hektar großer Park in Kreuzberg und die höchste natürliche Erhebung der Berliner Innenstadt. Vom Nationaldenkmal für die Befreiungskriege hast du einen tollen Ausblick über die Stadt. Im Viktoriapark gibt es zudem die Gelegenheit, einen Wasserfall mitten in Berlin zu fotografieren.

Umsetzung

1. Beim Fotografieren von Menschen finde ich es wichtig, der Blickrichtung zu folgen. Hier habe ich das Paar im Vordergrund, und es bleibt genug Platz für Weite und Panorama.
2. Durch eine große Blende (*f*3.2) liegt der Fokus auf dem Paar. Die Brennweite von 35 mm zeigt viel Himmel und gibt dem Bild Weite. Das Stadtpanorama im Hintergrund bekommt durch die große Blende eine leichte Unschärfe.
3. Um je nach Tageszeit etwas mehr Kontrast ins Foto zu bekommen, belichte eine Blendenstufe niedriger.

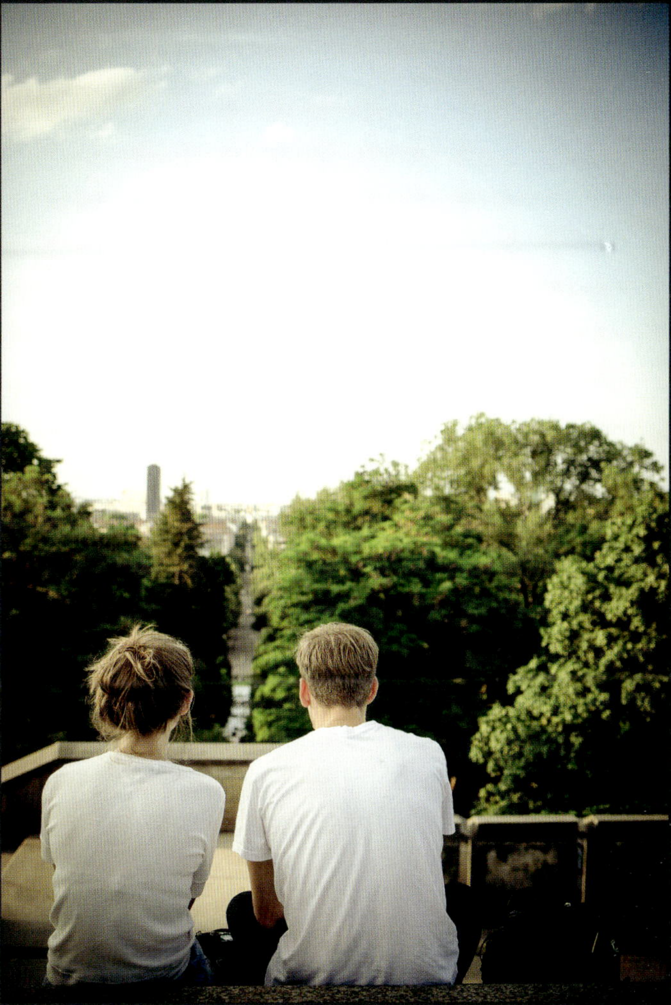

Viktoriapark: Ein toller Ort für den abendlichen Blick über die Stadt. Du findest immer Menschen, die du als Darsteller für dein Foto nutzen kannst.

Jüdischer Friedhof Weißensee

Thema: Landschaft/Makro
Adresse: Herbert-Baum-Straße 45, 13088 Weißensee
Anreise: Tram-Haltestelle Albertinenstraße, ca. 5 Minuten zu Fuß
Infos: www.jg-berlin.org/judentum/friedhoefe/weissensee.html

Über den Ort

Verschlafen liegen die Gräber des 1880 eingeweihten Jüdischen Friedhofs wie in einer Dschungellandschaft. Selbst an sonnigen Tagen versinkt man im Grün und kann tolle Licht-und-Schatten-Spiele ausprobieren.

Umsetzung

1. Bäume wachsen durch Gräber. Einige Grabsteine sind umgefallen. Wenige Lichtstrahlen beleuchten die Grabsteine und ergeben tolle Highlights.
2. Das Grün der Pflanzen rund um den angestrahlten Grabstein sorgt für optische Geschlossenheit und umrahmt mein Hauptmotiv auf natürlich Weise.
3. Probiere je nach Lichtverhältnissen verschiedene Belichtungseinstellungen aus. Ich habe eine mittlere Blende (f8) gewählt, um viel Struktur im Blätterdickicht zu haben.

TIPP: KLEINER FRIEDHOFSKNIGGE

Achte auf angemessene Kleidung und vermeide kurze Hosen oder Trägershirts. Wer keine Kopfbedeckung hat, kann am Eingang eine Kippa ausleihen.

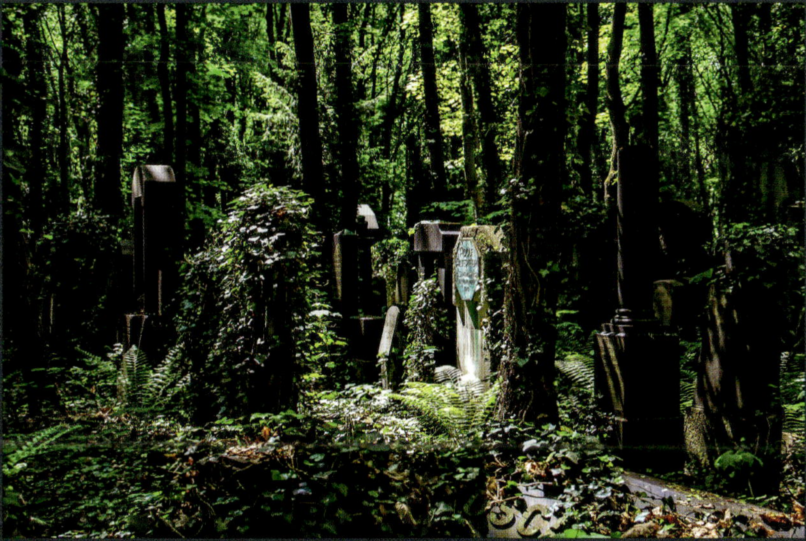

Eine Friedhof wie ein Dschungel: Suche nach spannenden Stellen für das Spiel von Licht und Schatten.

ISO 400 / 35 mm / f8 / 1/100 s

Spreepark Plänterwald

Thema: Lost Place
Adresse: Neue Krugallee/Am Plänterwald (Kreuzung vor dem Eingang in den Wald)
Anreise: S-Bahn bis Plänterwald oder Treptower Park, von dort 10 Minuten zu Fuß
Infos: www.berliner-spreepark.de

Über den Ort

Scheinbar war der Moment für meine Spreepark-Fototour kein Moment zu früh. Mittlerweile ist der Park an das Land Berlin verkauft, und es ist schwer, auf das Gelände zu kommen. Doch kann man von außen noch viele Details des verfallenen Freizeitparks entdecken. Pack dir dazu ein Tele-/Zoomobjektiv ein.

Umsetzung

1. Das Riesenrad gehört auch heute noch zu den beliebtesten Lost-Places-Motiven in Berlin. Trotz des nicht mehr zugänglichen Geländes kannst du das Riesenrad von außen toll fotografieren.
2. Durch eine mittlere bis große Blende (ƒ4.0) und eine höhere Brennweite (64 mm) gelingt das Foto auch durch den Zaun.
3. Ein niedriger ISO-Wert (ISO 100) hält das Foto rauschfrei – trotz Kompaktkamera und Dämmerungslicht.

TIPP: TOUR MIT GUIDE

Von einer Exkursion auf eigene Faust rate ich ab. Informiere dich auf Webseiten wie www.berliner-spreepark.de, ob Führungen möglich sind.

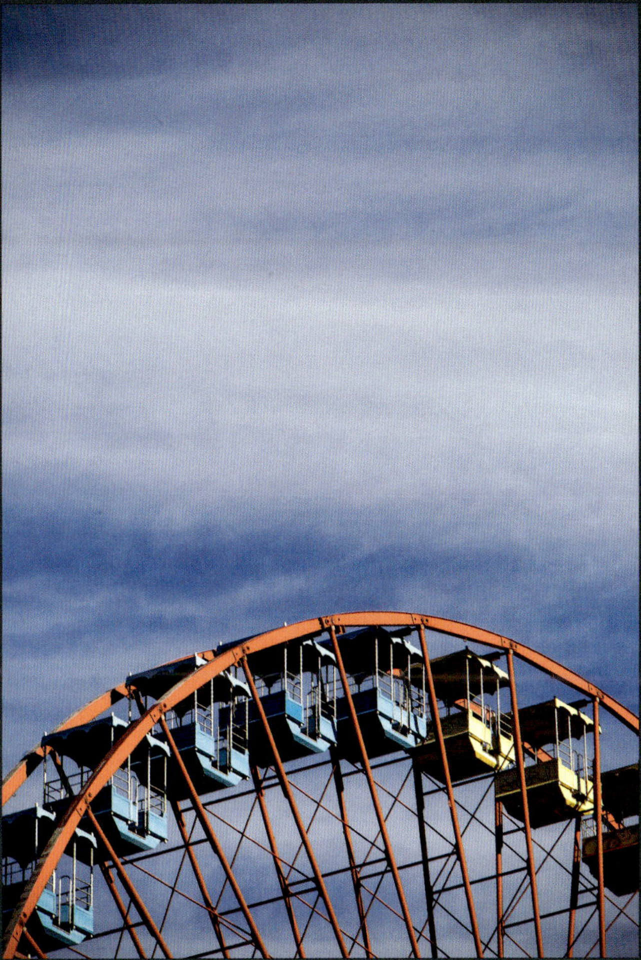

Das alte Riesenrad dreht am Wochenende manchmal noch seine Runden. Damit soll der Motor am Leben erhalten werden. Das wird begleitet von gespenstischem Quietschen und gibt dem verlassenen Park die passende Gespensterkulisse.

ISO 100 / 64 mm / f4 / 1/100 s

Nikolaiviertel

Thema: Architektur
Adresse: Poststraße 25, 10178 Berlin
Anreise: U-Bahn Klosterstraße, von dort 5 Minuten zu Fuß

Über den Ort

Das Nikolaiviertel ist das älteste Wohngebiet Berlins im Ortsteil Mitte am östlichen Ufer der Spree. Tagsüber ist es voller Touristen, so habe ich mein Foto in den frühen Morgenstunden fotografiert.

Umsetzung

1. Kurz vor Sonnenaufgang strahlt der Nachthimmel im hellen Blau. Die Stimmung passt perfekt zu dem historischen Altstadtviertel.
2. Für das Foto benötigst du ein Stativ und einen Fernauslöser. Durch eine kleine Blende (ƒ18) bilden sich in den Lichtern kleine Sterne. Wähle eine Verschlusszeit zwischen 15–30 s.
3. Der sehr tiefe Blickwinkel sorgt für eine markante Struktur des Kopfsteinpflasters, und der Bordstein führt den Blick die Straße hinab in das Bild hinein.

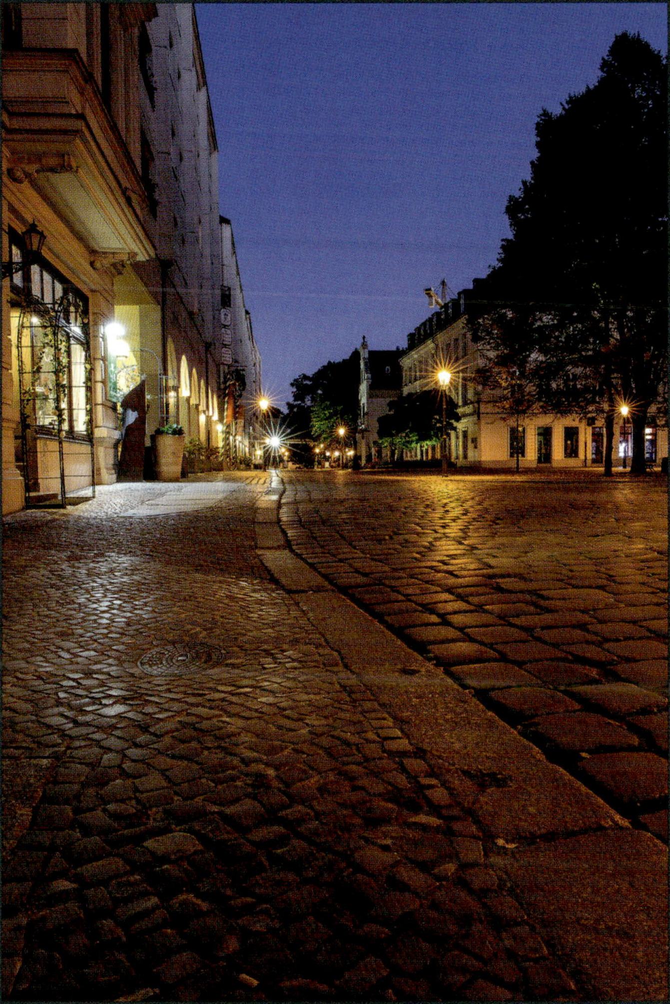

Für menschenleere Straßen lohnt es sich,
auch mal um 5 Uhr morgens aufzustehen.

ISO 400 / 24 mm / ƒ18 / 25 s

Holocaust-Mahnmal

Thema: Architektur
Adresse: Cora-Berliner-Straße 1, 10117 Berlin
Anreise: S-Bahn Brandenburger Tor
Infos: www.holocaust-mahnmal.de

Über den Ort

Das Holocaust-Mahnmal ist fotografisch eine Herausforderung. Die Stelen erinnern an Grabsteine und verleihen dem Ort eine mystische Stimmung. Spiele viel mit Perspektiven, fotografiere gen Himmel oder bilde die Stelen formatfüllend ab, ohne den Himmel zu zeigen.

Umsetzung

1. Wählst du einen tiefen Blickwinkel, ragen die Stelen majestätisch in den Himmel. Die zusammenlaufenden parallelen Linien auf dem Boden leiten den Blick in die Ferne.
2. Über eine große bis mittlere Blende (ƒ4) wähle einen Fokuspunkt auf der gefühlten Mitte. Um eine verstörende Wirkung zu erzielen, habe ich das Foto um eine Blendenstufe (+1) überbelichtet.
3. Für zusätzliche Dramatik sorgen die Umwandlung des Fotos in Schwarz-Weiß und etwas Körnung in der Nachbearbeitung.

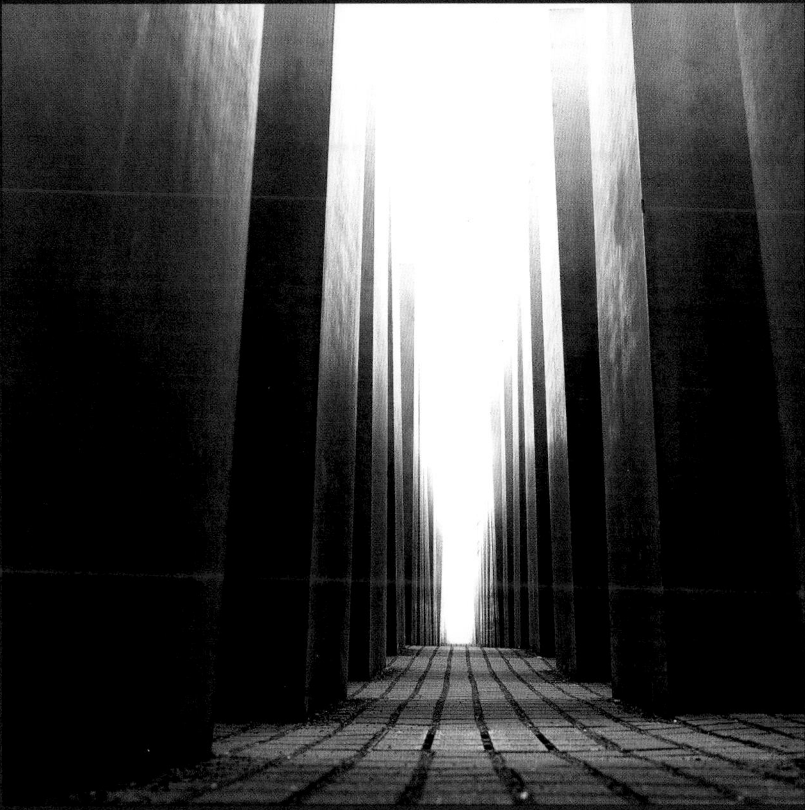

Manchmal gibt ein anderes Bildformat dem Foto eine zusätzliche Wirkung. Die 1:1-Seitenschnitte erinnern an ein altes Polaroid. Zudem habe ich es in der Bildbearbeitung in Schwarz-Weiß umgewandelt.

ISO 800 / 24 mm / f4 / 1/30 s

Jacob-und-Wilhelm-Grimm-Zentrum

Thema: Architektur
Adresse: Geschwister-Scholl-Straße 3, 10117 Berlin
Anreise: S-Bahn Friedrichstraße
Infos: www.grimm-zentrum.hu-berlin.de

Über den Ort

Das Jacob-und-Wilhelm-Grimm-Zentrum im Ortsteil Mitte ist eine echter Leckerbissen für Fans der Architekturfotografie. Form und Gestaltung erinnern an ein Bücherregal. Fotografieren ist erlaubt, aber ohne Stativ. Zudem musst du die Fototasche und weiteres Gepäck einschließen.

Umsetzung

1. Das Foto habe ich von der oberen Leseterrasse aus fotografiert. Achte auf die Symmetrie und die zusammenlaufenden Linien. Ich habe ein weitwinkeliges Objektiv gewählt.
2. Stelle die Blende (ƒ4) und Belichtungszeit (1/80 s) vor dem Eintritt in den Lesesaal ein. So vermeidest du Unruhe.
3. Nimm dir Zeit beim Blick durch den Sucher, damit dein Schuss bereits in der Kamera so sauber wie möglich ausgeführt wird. Je gerader du die Kamera in den Raum hältst, ohne sie nach oben zu richten, desto weniger Verzerrungen sind im Bild. Die Perspektivkorrektur per Bildbearbeitung wird sonst zur Schwerstarbeit.

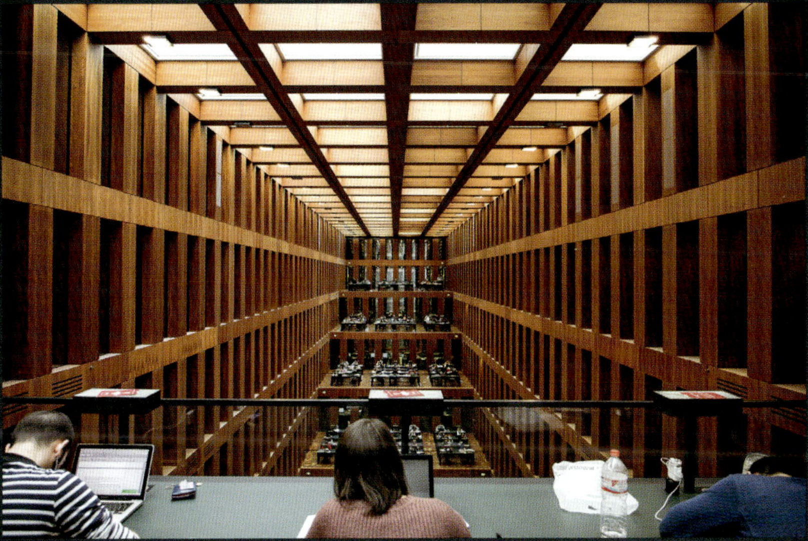

„Es sieht aus wie in einem Borg-Kubus" hat jemand als Kommentar unter dieses Bild geschrieben, als ich es bei Instagram gepostet hatte.

ISO 500 / 24 mm / ƒ4 / 1/80 s

Potsdamer Platz

Thema: Architektur/Langzeitbelichtung
Adresse: Potsdamer Platz, Berlin
Anreise: S-Bahn Potsdamer Platz
Infos: www.potsdamerplatz.de

Über den Ort

Auf dem Potsdamer Platz findest du eine Vielzahl an Motiven – von Architektur über abstrakte Fotografie bis hin zu tollen Streetfoto-Motiven. Der Kollhoff-Tower ist mit 103 Metern das höchste Gebäude im Quartier Potsdamer Platz. Mit dem Tower der Deutschen Bahn bildet er ein spannendes Fotomotiv zu jeder Tageszeit.

Umsetzung

1. An der Fußgängerampel gegenüber dem Bahn-Tower kann man das Gewirr aus Straßenverkehr und Scheinwerfern am besten einfangen. Per Langzeitbelichtung machst du Farben und Lichter sichtbar, die du mit bloßem Auge nicht erkennst. Dafür benötigst du Stativ und Fernauslöser.
2. Halte den ISO-Wert niedrig (100–400 ISO). Experimentiere mit Belichtungszeiten zwischen 10–30 s. Wähle eine kleine Blende ab *f*16, dann ergeben die Blendenlamellen sternenförmige Reflexionen.
3. Setze den Fokus auf eines der Gebäude. Schalte den Fokus auf manuell, damit beim Druck auf den Fernauslöser die Kamera nicht erneut fokussiert. Kontrolliere nach jedem Foto, ob die Schärfe noch stimmt.

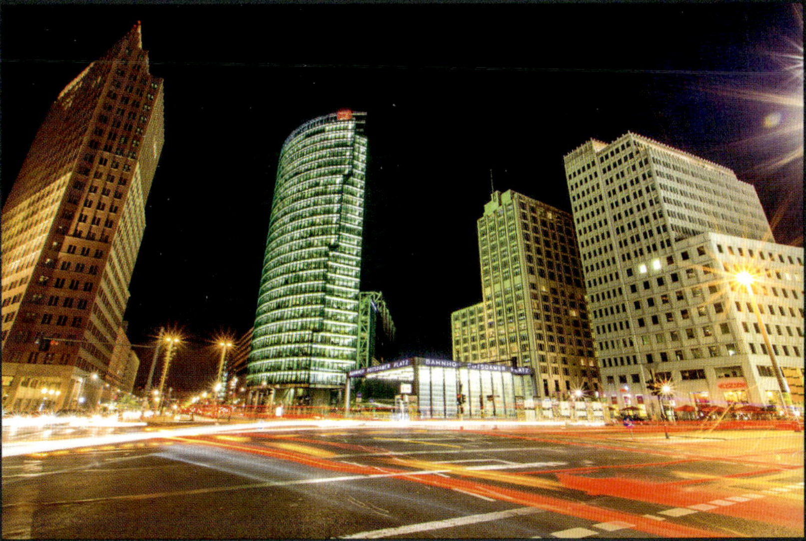

Einst die größte Baustelle Europas, ist der Potsdamer Platz jetzt einer der Verkehrsknotenpunkte der Hauptstadt und toll für Langzeitbelichtung.

ISO 100 / 24 mm / ƒ22 / 30 s

BVB Freibad Lichtenberg

Thema: Lost Place
Adresse: Siegfriedstraße 71, 10365 Berlin-Lichtenberg
Anreise: per Tram (M8) bis Landsberger Allee, dann zu Fuß die Siegfriedstraße entlang

Über den Ort

Der letzte Badegast dürfte das Freibad vor über 25 Jahren verlassen haben. Seitdem schlummert es im Dornröschenschlaf. 1932 diente das Bad ausländischen Schwimmwettkämpfern als Trainingsanlage für die Olympischen Sommerspiele, zu DDR-Zeiten wurde es überarbeitet und als Freibad wiedereröffnet.

Umsetzung

1. Für mein Foto habe ich das Wasser für Reflexionen genutzt. Achte in deinem Bild auf die Symmetrie. Ein paar Zweige im Vordergrund unterstreichen den Verfall der Anlage.
2. Wähle eine mittlere Blende (ƒ6.3), um eine große Tiefenschärfe zu erzielen.
3. Wenn du zudem um eine oder zwei Stufen schwächer belichtest (z. B. –1), verstärkst du die Kontraste und das dunkle Wasser. Insbesondere die Reflexion im Wasser macht das Foto besonders.

TIPP: FREIE SICHT

Das Freibad befindet sich auf dem Areal des Sportparks und ist eingezäunt. Aber auch über den Zaun hast du eine tolle Sicht.

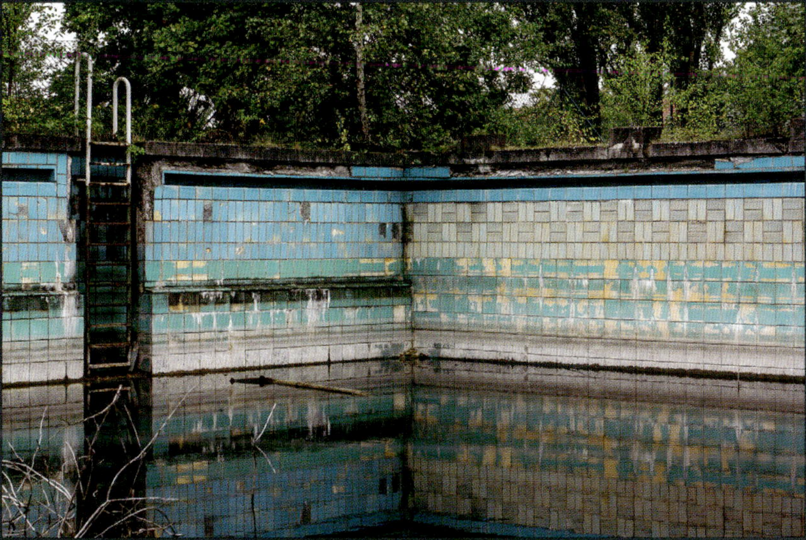

Jedes Foto des alten Schwimmbads
erscheint wie aus einer vergessenen Welt.

ISO 100 / 50 mm / ƒ6.3 / 1/100 s

Ökologische Bildungs- und Tagungsstätte

Thema: Landschaft/Makro
Adresse: Teufelsseechaussee 22, 14193 Berlin
Anreise: S-Bahnhof Grunewald, von dort ca. 20 Min. Fußweg
Infos: www.oekowerk.de

Über den Ort

Diese Location steht unter Denkmalschutz und liegt auf dem Areal des ältesten erhaltenen Berliner Wasserwerks. Auf dem 2,8 Hektar großen Gelände wimmelt es von Teichen, Pflanzen und natürlich von Insekten und Amphibien – perfekt für die Makrofotografie!

Umsetzung

1. Ich habe mein 250-mm-Tele-/Zoomobjektiv mit Makromodus genutzt.
2. Mit großer Blende (hier: ƒ5.6) stellst du den Frosch optimal vor unscharfem Hintergrund frei. Achte auf Spiegelungen im Wasser. Mitten am Tag hatte ich ausreichend Licht für eine kurze Belichtungszeit (1/250 s).
3. Wichtig war bei meinem Bild der Zugang zum Teich. Ich habe mit Live-View fotografiert, um meine Kamera fast auf Bodennähe halten zu können.

TIPP: LIVE-VIEW FÜR DIE BILDKONTROLLE

Live-View (oder auch Live Preview) ist eine Funktion bei Digitalkameras, die es ermöglicht, das Foto nicht über einen optischen Sucher, sondern über den eingebauten Bildschirm zu sehen.

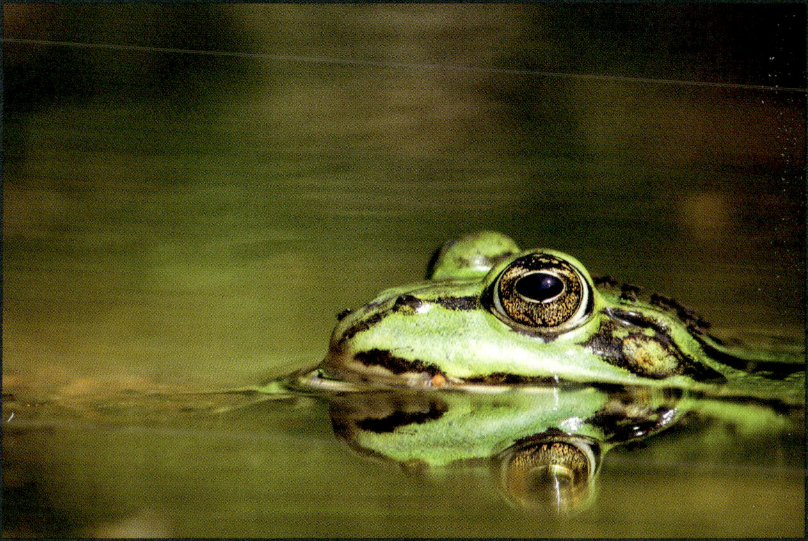

Per Tele/Zoom konnte ich Abstand halten.
Schließlich sind Frösche mit einem Sprung verschwunden.

ISO 100 / 250 mm / ƒ5.6 / 1/250 s

Hauptbahnhof

Thema: Architektur/Street
Adresse: Europaplatz 1, 10557 Berlin
Anreise: S/U-Bahn Hauptbahnhof
Infos: www.einkaufsbahnhof.de

Über den Ort

Der Berliner Hauptbahnhof ist der größte Turmbahnhof Europas. Mit Tausenden Reisenden stehen dir Unmengen an Statisten für dein Foto zur Verfügung. Der Bau besteht aus Beton, Glas und Stahl und bietet dir tolle Linien, Reflexionen und Perspektiven.

Umsetzung

1. Suche dir einen erhöhten Standort. Damit bringst du die gewaltigen Dimensionen und die Tiefe der Bahnhofshalle aufs Bild.
2. Trotz größerer Blende (ƒ4.5) erreiche ich durch genügend Abstand und einer Brennweite von 35 mm eine gute Tiefenschärfe mit vielen Details. Achte auf die Linienführung. Wie eine Murmelbahn folgt das Auge den Treppen hinab.
3. Wenn du ein Stativ hast, experimentiere mit der Belichtungszeit für eine Bewegungsunschärfe. Das unterstützt zusätzlich die Dynamik des Bahnhofs und der Reisenden.

TIPP: DER BAHNHOF VON AUSSEN

Nahe der Hugo-Preuß-Brücke hast du eine tolle Sicht auf den Bahnhof. Auf meinem Blog findest du unter **www.ig-fotografie.de/fotografieren-in-berlin-buch** weitere Standorte. Gib auf der Seite das Passwort **Gendarmenmarkt** ein.

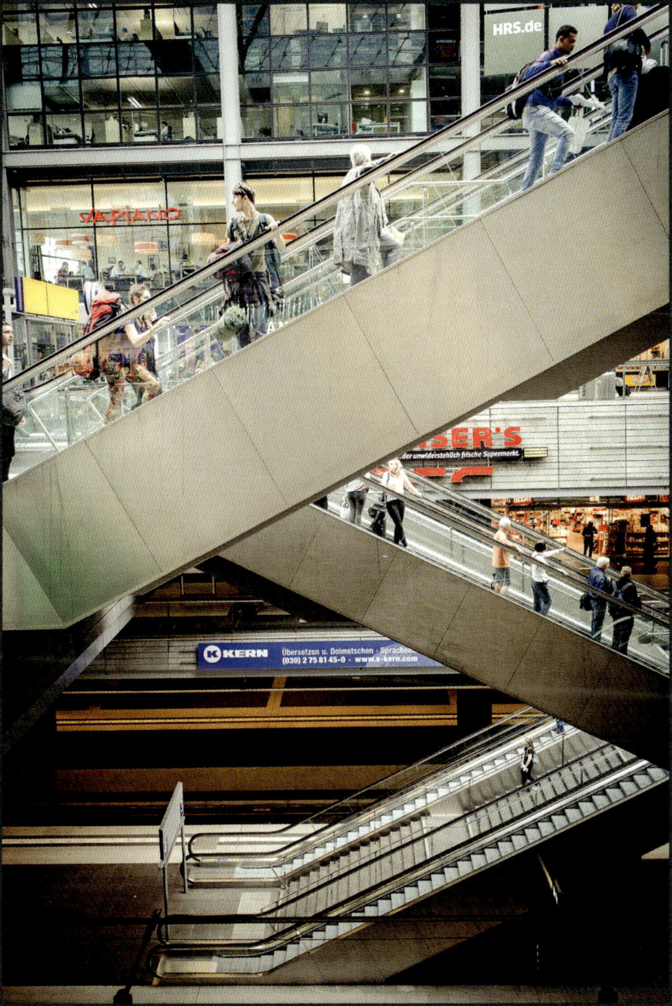

Die Rolltreppen wirken wie eine Murmelbahn.
Das Auge folgt den Linien.

ISO 640 / 35 mm / ƒ4.5 / 100 s

Tierpark Berlin

Thema: Tierfotografie
Adresse: Am Tierpark 125, 10319 Berlin
Anreise: U-Bahnhof Tierpark
Infos: www.tierpark-berlin.de

Über den Ort

Der Tierpark Berlin im Ortsteil Friedrichsfelde ist mit 160 Hektar Fläche der größte Landschaftstiergarten in Europa. Eigentlich bin ich gerne in Zoos, doch machen mich die Tiere hinter Gittern traurig. Das nahm ich als Thema für mein Foto.

Umsetzung

1. Gehe nah ran und fotografiere den Tiger inklusive der Käfigstäbe, um das Tier in Gefangenschaft zu zeigen.
2. In Zoos ist Blitzlicht verboten. Wählst du einen hohen ISO-Wert (1600), führt das bei guten Lichtverhältnissen nicht zu einem Rauschen. Fotografiere ähnlich wie beim Porträtfoto mit großer Blende (hier: $f5$) und fokussiere auf die Augen. Ich wagte eine längere Belichtungszeit von 1/30 s. Dazu solltest du dich aber anlehnen, um das Foto nicht zu verwackeln, oder erhöhe den ISO-Wert.
3. Um den direkten Blick des Tigers zu bekommen, warte einfach ab oder mache durch ein leises Geräusch auf dich aufmerksam.

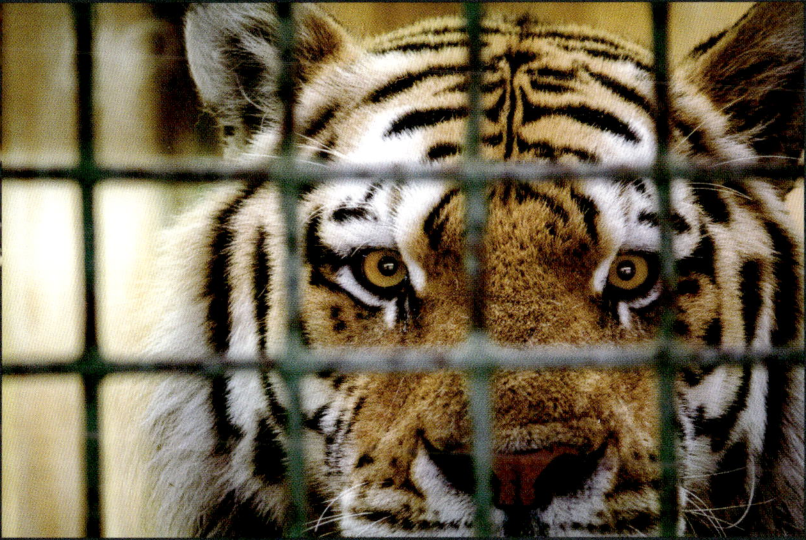

Die Umgebung im Zoo entspricht nie dem natürlichen Lebensraum. Durch großformatige Porträts kann man darüber hinwegtäuschen. Ich mache das Gegenteil.

ISO 1600 / 123 mm / f5 / 1/30 s

Heidelberger Platz

Thema: Architektur
Adresse: Mecklenburgische Str. 22a, 10713 Berlin
Anreise: U-Bahn Heidelberger Platz

Über den Ort

Wenn du Bahnhofsarchitektur magst, solltest du den U-Bahnhof Heidelberger Platz besuchen. Das Gebäude ist aus dem Jahr 1913 und glänzt durch kunstvolle Ausgestaltung sowie eine Halle ähnlich einer Kathedrale. Die Decke des Bahnsteigs wurde als Kreuzgratgewölbe angelegt.

Umsetzung

1. Auf dem Weg zum Bahnsteig befindet sich eine kunstvoll verarbeitete schmiedeeiserne Tür. Die war für mich das perfekte Motiv. Alles drumherum ergab sich von selbst.
2. Durch die Wahl einer großen Blende (ƒ5.6) ist die Frau im Hintergrund in der Unschärfe zu erkennen und lenkt nicht von der Tür als Hauptmotiv ab. Doch erzeugt sie eine gewisse Spannung im Motiv.
3. Mein ISO-Wert (5000) war zu hoch, was mir aber erst im Nachhinein aufgefallen ist. So etwas kannst du umgehen, wenn du eine kleinere Brennweite einstellst oder eine größere Blende wählst und so mehr Licht auf den Sensor kommt.

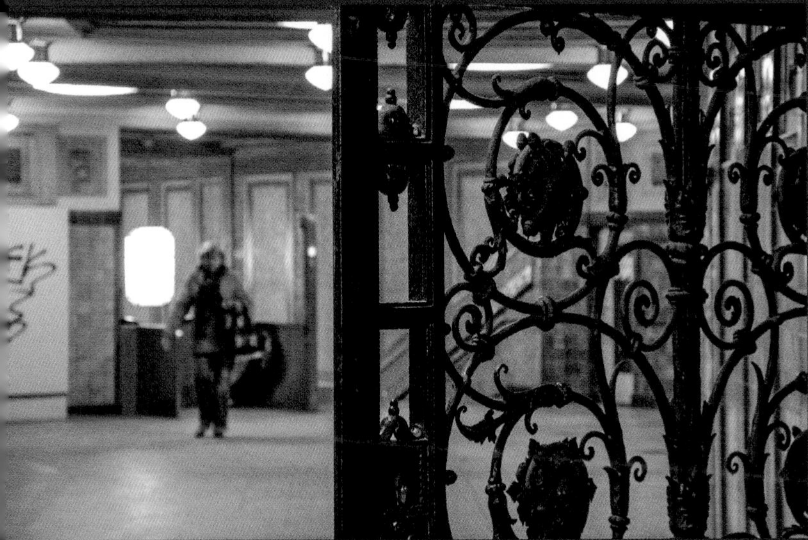

Durch eine große Blende liegt der Fokus auf dem kunstvoll bearbeiteten Tor. In der Nachbearbeitung habe ich mich für ein Schwarz-Weiß-Motiv entschieden, um den Details des Eingangstors noch mehr Kontrast zu geben.

ISO 5000 / 77 mm / f5.6 / 1/60 s

Shell-Haus

Thema: Architektur
Adresse: Reichpietschufer 60, 10785 Berlin
Anreise: bis U-Bahn Wittenbergplatz, dann per Bus bis Gedenkstätte Deutscher Widerstand

Über den Ort

Das Shell-Haus ist bei Fans der Architekturfotografie sehr beliebt. Die abstrakten Formen und geschwungenen Linien eröffnen eine Vielzahl an Fotoideen.

Umsetzung

1. Die sich wiederholenden Wellen des Gebäudes lassen eine gewisse Mehrdeutigkeit zu. So kann auf dem Foto keine wirkliche Aussage über die Gebäudegröße gemacht werden.
2. Achte auf die dynamische Linienführung. Die Häuserreihe beginnt im linken unteren Rand und zieht sich zum rechten oberen Rand durch. Dazu empfehle ich dir ein Weitwinkelobjektiv (24 mm).
3. Durch eine mittlere Blende (*f*9) erzielst du eine große Tiefenschärfe. Eine leichte Unterbelichtung (–1) verstärkt die Kontraste des Gebäudes und lässt die Wolkenstruktur noch mächtiger erscheinen.

TIPP: DIE WAHL DES AUSSCHNITTS

Bei Architekturaufnahmen macht oft ein gut gewählter Ausschnitt per Teleobjektiv das Bild interessanter als eine Totale.

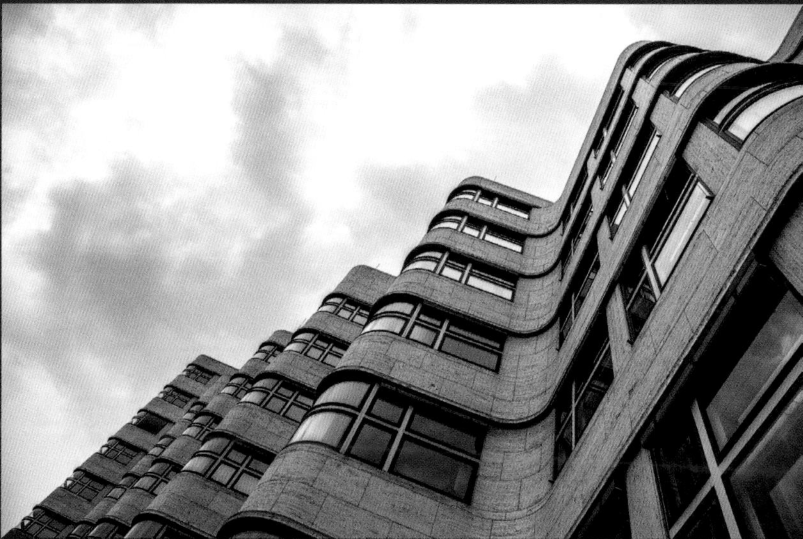

Hier habe ich eine extreme Perspektive gewählt, indem ich sehr nah an das Gebäude herangegangen bin.

ISO 100 / 24 mm / f9 / 1/125 s

Niederländische Botschaft

Thema: Architektur
Adresse: Klosterstraße 50, 10179 Berlin
Anreise: S/U-Bahn Jannowitzbrücke, von dort ca. 5 Minuten zu Fuß

Über den Ort

Die Niederländische Botschaft besticht durch die klare Struktur. Es macht Spaß zu experimentieren und Details ohne Zusammenhang hervorzuheben, statt das Gebäude auf klassischem Weg per Weitwinkelaufnahme zu dokumentieren. Diese Herangehensweise funktioniert bei herkömmlichen Gebäuden oft nicht.

Umsetzung

1. Wähle einen Teil der symmetrischen Konstruktion aus und fotografiere von einem ungewöhnlichen Blickwinkel aus. Solche ungewöhnlichen Perspektiven machen dein Architekturfoto oft spannender als eine Totale des Baus.
2. Durch Wahl einer mittleren Blende (ƒ8) erreichst du eine gute Schärfe über das gesamte Bild.
3. In der Nachbearbeitung habe ich den Kontrast erhöht und die Farben leicht abgesenkt, ohne die Aufnahme in Schwarz-Weiß umzuwandeln.

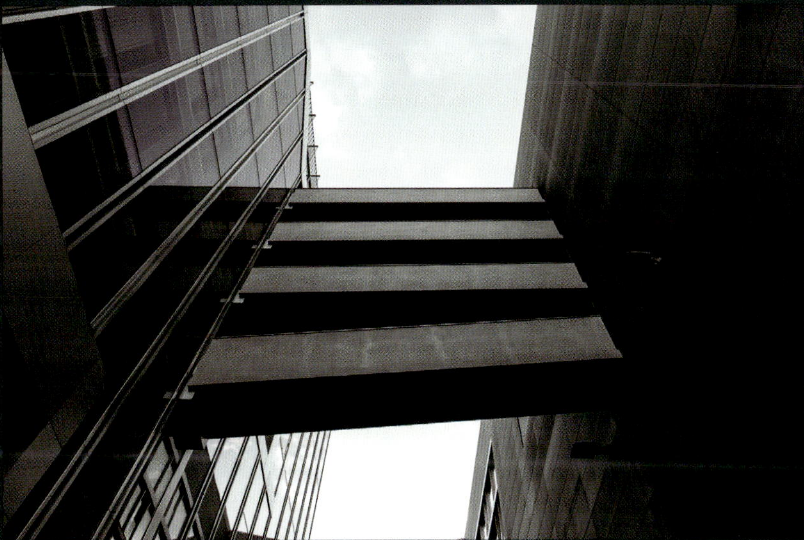

Eine faszinierendes Detail des Botschaftsgebäudes sind die vier Verbindungsbrücken über der Einfahrt.

ISO 500 / 24 mm / ƒ8 / 1/80 s

Friedrichstraße

Thema: Architektur/Langzeitbelichtung
Adresse: Georgenstraße 14/17, 10117 Berlin
Anreise: S-Bahn Friedrichstraße

Über den Ort

Von hier aus starten viele ihre Fototour, ohne den Bahnhof näher zu beachten. Dabei hast du von hier aus den besten Ausblick auf die Häuserfluchten der Friedrichstraße.

Umsetzung

1. Gehe auf Gleis 1 bis zum Ende durch. Mein Foto ist in Langzeitbelichtung zur Dämmerung und beim Anbruch der Blauen Stunde entstanden.
2. Platziere deine Kamera auf einem Stativ und arbeitet per Fernauslöser. Wähle einen niedrigen ISO-Wert (100–200) für ein rauschfreies Bild.
3. Ich habe eine kleine Blende gewählt (*f*22) und auf die Tram fokussiert. Dann habe ich in den Autofokus deaktiviert. Als Belichtungszeit empfehlen sich 10–15 s, je nach Lichtverhältnissen. So erhältst du schöne Lichtspuren der Autos. Der Himmel sollte allerdings nicht zu dunkel sein.

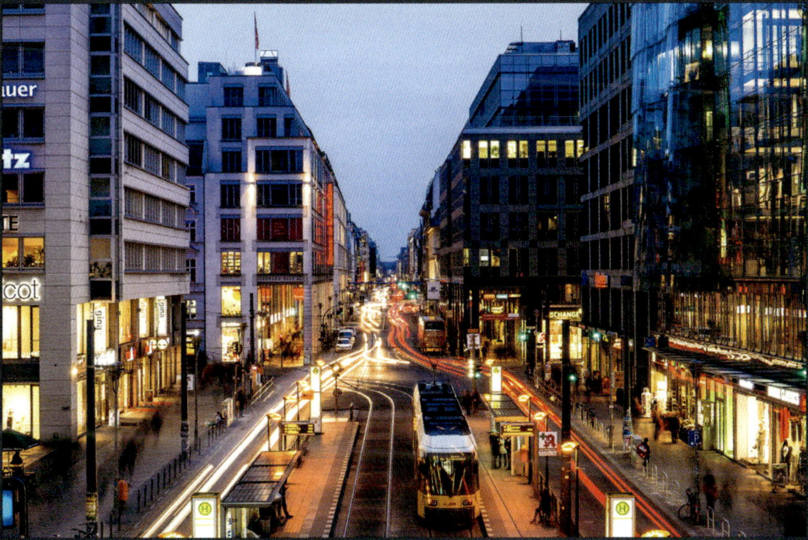

Vom Bahnsteig 1 aus hast du die beste Sicht die Friedrichstraße entlang, um diese zum Leuchten zu bringen.

ISO 100 / 64 mm / f22 / 10 s

Tränenpalast

Thema: Geschichte/Reportage
Adresse: Reichstagufer 17, 10117 Berlin-Mitte
Anreise: S-Bahn: Friedrichstraße
Infos: www.berlin.de/orte/sehenswuerdigkeiten/traenenpalast

Über den Ort

Als Kind fand ich den Namen wunderschön: Tränenpalast. Erst später habe ich gelernt, dass der Begriff für Abschied, Sehnsucht und Verzweiflung steht. Die Ausstellung in der ehemaligen Abfertigungshalle der SED-Diktatur ist kostenfrei. Du darfst auch fotografieren. Doch ist sie sehr touristisch. Halte daher Ausschau nach kleinen Details.

Umsetzung

1. Mit dem Ausreisevisum habe ich eines der typischen Symbole der DDR gewählt.
2. Durch eine sehr große Blende (ƒ3.5) und einen Blickwinkel fast auf Höhe der Tischkante stellst du das Dokument in den Mittelpunkt.
3. Das Licht fällt von oben auf das Dokument. Mit erhöhtem ISO Wert (800) und moderater Belichtungszeit (1/50 s) läuft das restliche Motiv in der Unschärfe und schwarzem Hintergrund aus.

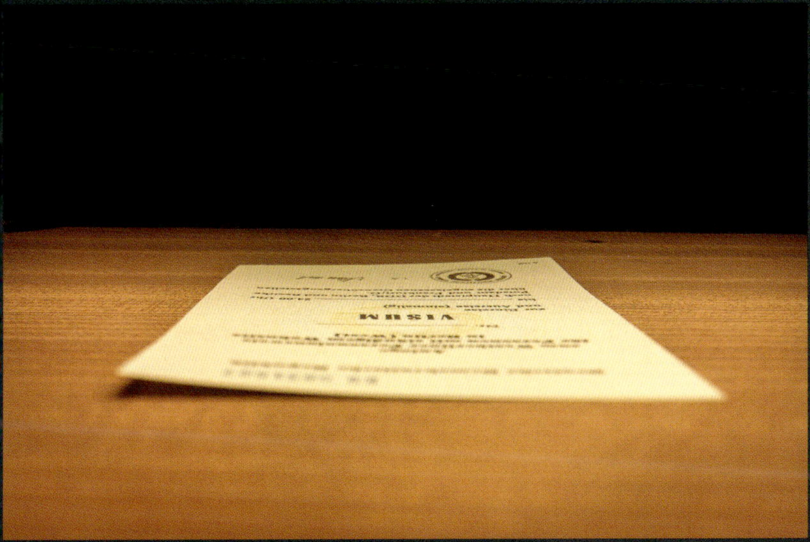

Ich habe den Fokuspunkt auf das Wort Visum gelegt.
Nichts lenkt von meinem Bild ab.

ISO 800 / 20 mm / ƒ3.5 / 1/50 s

Bahnhof Siemensstadt

Thema: Lost Place
Adresse: Rohrdamm 83, 13629 Berlin
Anreise: U-Bahn Rohrdamm, dann bis ca. Hausnummer 83 laufen. Dort kreuzt der Bahnhof über dem Rohrdamm. Hier und da findest du ein Loch im Zaun.

Über den Ort

Früher warteten am Bahnhof Siemensstadt Tausende Arbeiter der Siemens-Werke auf die Bahn. Heute herrscht hier geheimnisvolle Stille. Seit 1980 ist die Haltestelle Siemensstadt außer Betrieb und wurde zum Geisterbahnhof und viel besuchten Lost Place.

Umsetzung

1. Es hatte gerade geregnet. So konnte ich durch einen tiefen Aufnahmewinkel die Reflexion der Pfütze nutzen, um die Muster der Graffiti und der alten Fassade zu spiegeln.
2. Der Weitwinkel betont die Dimension und die Leere. Um den Blick auf das Gebäude zu lenken, wähle eine große Blende (ƒ1.8) und fokussiere auf das Haus. So verschwimmt die Pfütze in der Unschärfe.
3. In der Nachbearbeitung verstärkt eine Erhöhung des Kontrasts die Ästhetik des Verfalls.

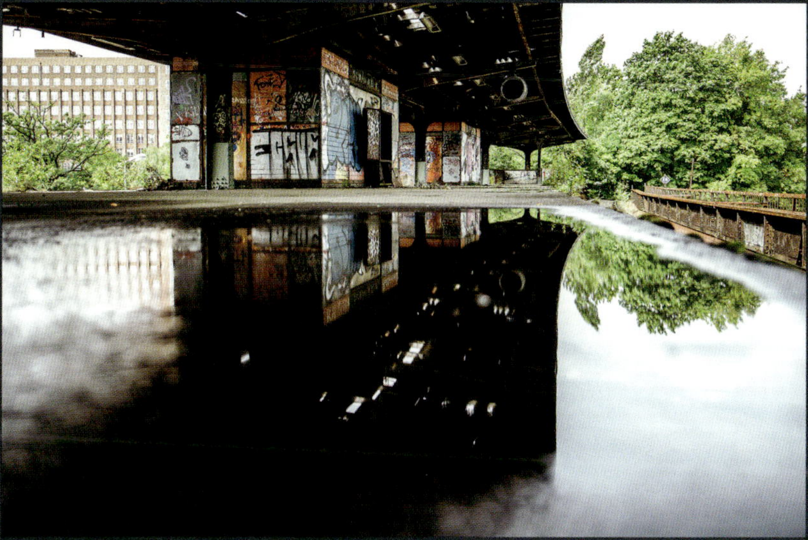

Dieser Ort beeindruckt durch den vertrauten Bau eines S-Bahnhofes und die Ästhetik des Verfalls.

ISO 200 / 18 mm / f1.8 / 1/640 s

Bernauer Straße

Thema: Reportage
Adresse: Bernauer Straße 111, 13355 Berlin
Anreise: S-Bahn Nordbahnhof
Infos: www.die-berliner-mauer.de

Über den Ort

Die Berliner Mauer war mit einer Gesamtlänge von rund 160 km das Symbol der Teilung Berlins. Wenn du historisch an dein Foto herangehen möchtest, empfehle ich die Gedenkstätte Berliner Mauer.

Umsetzung

1. Für einen Blick auf die Mauer positioniere dich an der Straße. Von der kostenlosen Aussichtsplattform hast du ebenfalls einen guten Blick.
2. Ich habe den Ausschnitt im gemäßigten Telebereich (60–70 mm) auf Mauer, Wachtturm und Lichtmast reduziert.
3. Setze deine Kamera auf ein Stativ. Um die Straße und Leben anzudeuten, experimentiere ein bisschen mit der Verschlusszeit (hier: 1/8 s) für eine Bewegungsunschärfe. Mit einer kleinen Blende (ƒ22) vermeidest du eine Überbelichtung des Fotos, da trotz Mittagssonne weniger Licht auf den Sensor gelangt. Zudem erzielst du so eine große Tiefenschärfe.

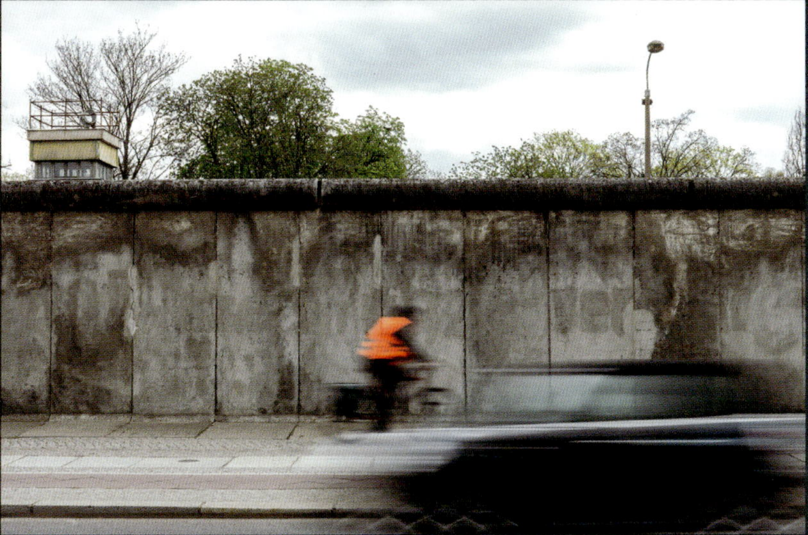

Das „zementierte" Symbol der Teilung
im Gegensatz zu dynamischer Bewegung.

East Side Gallery

Thema: Reportage
Adresse: East Side Gallery, Mühlenstraße, 10243 Berlin
Anreise: U-Bahn Warschauer Straße, von dort ca. 5 Minuten zu Fuß

Über den Ort

Die East Side Gallery liegt unweit der Oberbaumbrücke. Viele der hier zu sehenden Graffiti und Bilder sind mittlerweile weltbekannt.

Umsetzung

1. Die East Side Gallery gehört zu den meistfotografierten Objekten Berlins. Rechne mit Touristenmassen. Suche dir eine Ecke, wo du möglichst keine Menschen im Bild hast, und halte das Foto sehr schlicht.
2. Das Hochkantformat lässt dem Himmel viel Raum. Eine mittlere Blende (*f*6.3) liefert die optimale Tiefenschärfe.
3. In der Nachbearbeitung kannst du noch etwas Farbe aus dem Foto nehmen, um es in der Bildwirkung trister zu gestalten.

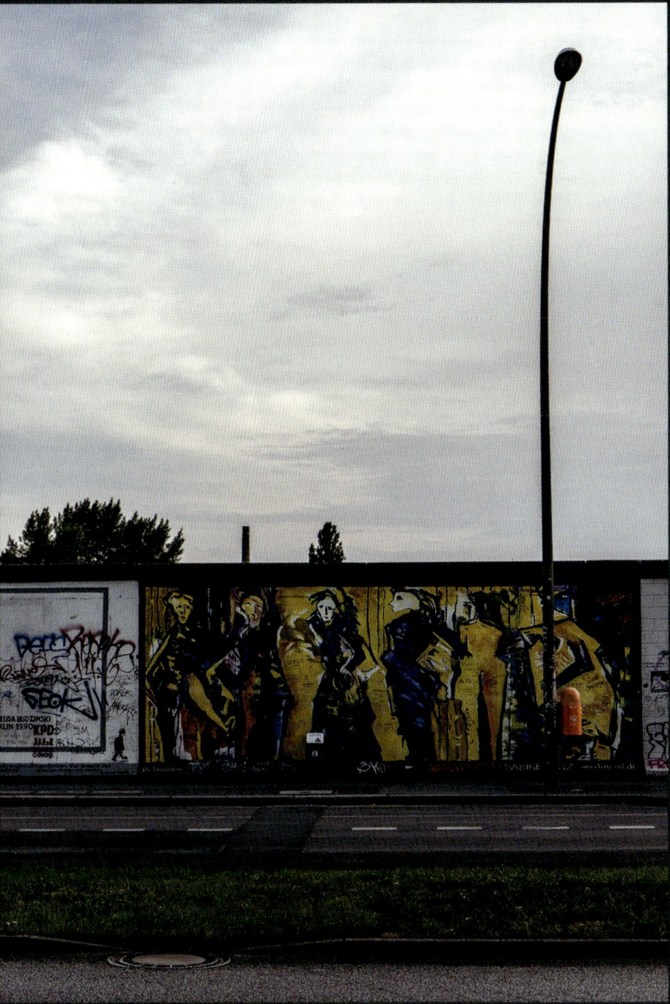

Ich versuchte den Moment so abzupassen, dass keine Personen im Foto sind. Das erzeugt eine gewisse Trostlosigkeit.

Neptunbrunnen

Thema: Architektur
Adresse: Spandauer Straße, 10178 Berlin
Anreise: S-Bahn Alexanderplatz, von dort zwei Minuten zu Fuß

Über den Ort

Der Neptunbrunnen liegt unweit des Fernsehturms und zeigt den Gott der Unterwasserwelt inmitten von Fontänen. Der Brunnen ist ein beliebtes Touristenmotiv. Nimm dir also etwas Zeit.

Umsetzung

1. Eine Götterfigur braucht Dramatik. Dafür habe ich aus niedrigem Blickwinkel mit einer Brennweite von 10 mm fotografiert. Zum Glück steht die tief stehende Abendsonne hinter der Statue.
2. Wenn du gegen die Sonne fotografierst, ergibt sich durch das extreme Gegenlicht eine Silhouette. Das ist oft nicht gewünscht, passt hier aber ideal zur Bildwirkung. Eine mittlere Blende liefert zudem die optimale Tiefenschärfe. Durch das intensive Gegenlicht kannst du eine kurze Belichtungszeit von 1/1250 s einstellen.
3. Für mehr Dramatik kannst du das Foto in der Nachbearbeitung in Schwarz-Weiß umwandeln und die Kontraste leicht anheben.

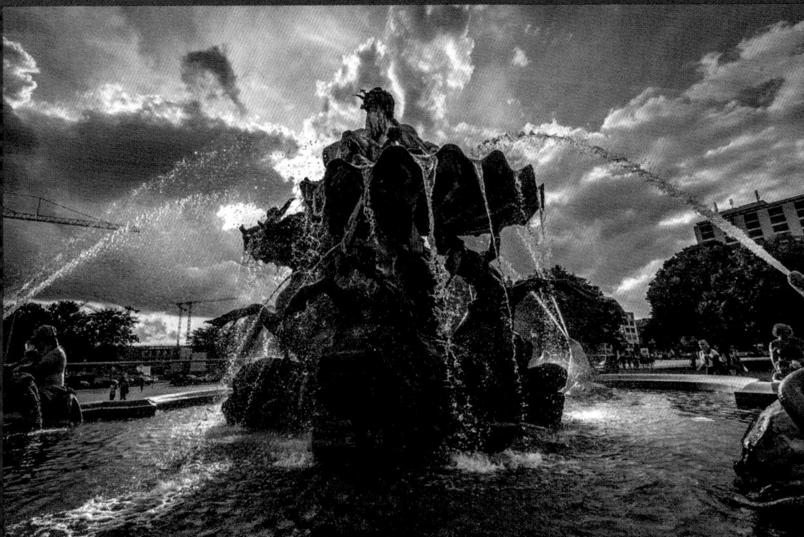

Der Brunnen ist umsäumt von Touristen. Durch die Brennweite und den tiefen Blickwinkel lenkt nichts ab.

ISO 200 / 10 mm / f8 / 1/1250 s

Flughafen Tegel

Thema: Planespotting
Adresse: Meteorstraße 58, 13405 Berlin
Anreise: U6 zum Kurt-Schumacher-Platz, von dort aus wenige Gehminuten zur Meteorstraße 58/Uranusweg

Über den Ort

Vielleicht hast du auf der Fahrt über die Berliner Autobahn A 111 auf Höhe der Meteorstraße auch schon mal die Menschen am oberen Autobahnrand entdeckt. Sie beobachten und fotografieren Flugzeuge beim Landeanflug auf den Flughafen Tegel. Apps wie „Flightradar24" geben zusätzlich Auskunft, welche Flugzeuge gerade hereinfliegen.

Umsetzung

1. Wähle eine schnelle Belichtungszeit (ab 1/250 s oder den Sportmodus). Gleiche das über einen leicht erhöhten ISO-Wert aus oder schalte diesen auf „Auto". Als Blende empfehle ich eine mittlere Blende (ƒ5.6).
2. Ziehe deine Kamera mit dem Flugzeug mit und fotografiere Bildreihen, sodass du viele Bilder hintereinander machst.
3. Je nach Geschwindigkeit deines Autofokus empfehle ich eine Vorfokussierung und die Deaktivierung des Autofokus, wenn du in schnellen Momenten im großen Telebereich fotografierst.

TIPP: DINGE IN BEWEGUNG FOTOGRAFIEREN

Egal, ob du ein Auto, einen Läufer oder ein Flugzeug fotografierst: Lass immer Platz für die Richtung, in die sich dein Objekt bewegt. Das Auge folgt der Richtung.

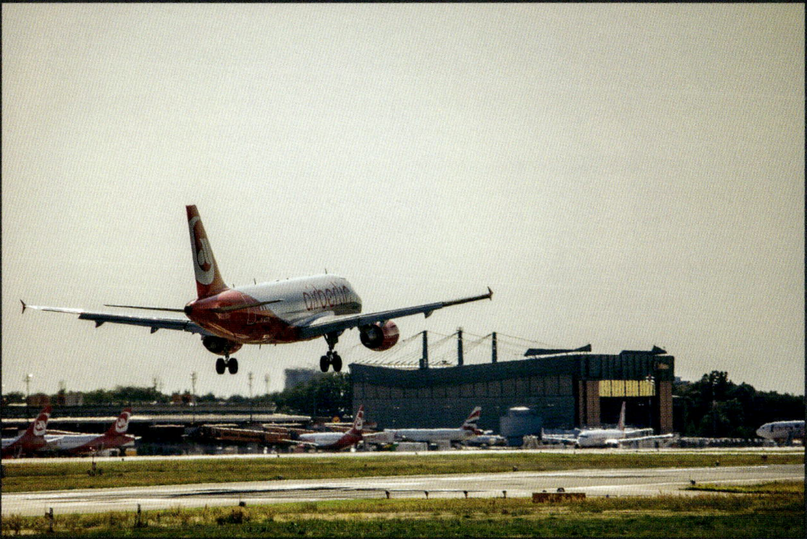

Achte in deiner Komposition auf die Flugrichtung.
Das Auge folgt bewegten Objekten.

ISO 100 / 179 mm / f5.6 / 1/640 s

Zitadelle Spandau

Thema: Architektur/Landschaft
Adresse: Am Juliusturm 64, 13599 Berlin
Anreise: U-Bahn Zitadelle, von dort 5 Minuten zu Fuß

Über den Ort

Für mich haben Burgen etwas Mystisches. Die Zitadelle Spandau, eine Burganlage mit Brücke, umgeben von einem Wassergraben, ist ein bekannter Konzert- und Ausflugsort.

Umsetzung

1. Für mein Foto bin ich vor der Eingangsbrücke links abgebogen und am Wasser entlanggelaufen. Ich wollte den Burgwall, der umsäumt ist von Bäumen und Sträuchern, im Bild haben. Damit gebe ich meinem Foto einen Rahmen.
2. Das Wasser liefert schöne Reflexionen des Burgwalls. Fotografiere mit einer kleinen Blende (ƒ16), um sowohl Spiegelung als auch Festungsmauer scharf auf das Foto zu bekommen. Deine Belichtungszeit sollte nicht zu lang sein, damit das Wasser keine Wellenbewegung hat (1/125 s oder schneller).
3. Mein Foto ist mitten am Tag entstanden. Für den mystischen Moment habe ich in der Nachbearbeitung die Kontraste verstärkt und eine Vignette hinzugefügt.

TIPP: PER VIGNETTE DEN BLICK STEUERN

Eine Vignette ist ein einfacher Effekt in der Bildbearbeitung und meint in der Regel einen leichten Schatten um dein Bild. Damit lenkst du den Blick in die Bildmitte.

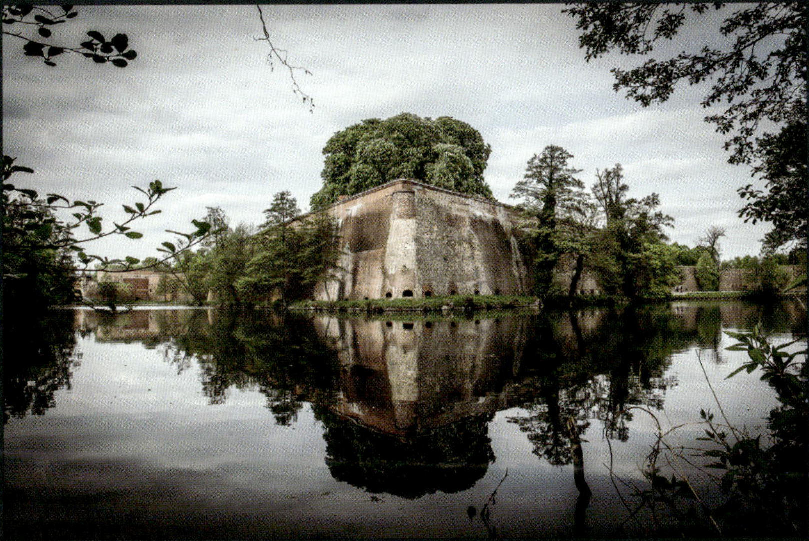

Durch einen niedrigen Blickwinkel bekommt die Anlage Größe und Distanz.

ISO 100 / 27 mm / f16 / 1/125 s

Regierungsviertel

Thema: Architektur
Adresse: Platz der Republik 1, 11011 Berlin
Anreise: U-Bahn Bundestag

Über den Ort

Unweit des Hauptbahnhofes beginnt das Regierungsviertel. Hier findest du jede Menge Beton, Glas und Stahl. Wenngleich jedes Gebäude in sich viel Spiel mit Formen und Linien erlaubt, macht durch den Verlauf der Spree auch das gesamte Panorama Spaß.

Umsetzung

1. Mein Foto zeigt die nächtliche Spree zwischen Paul-Löbe- und Marie-Elisabeth-Lüders-Haus, fotografiert vom Ufer gegenüber.
2. Im Vordergrund deutet das Geländer das Ufer an. Bei kleiner Blende (*f*18) und niedriger ISO-Zahl ist die Bildqualität trotz des spärlich vorhandenen Restlichts optimal.
3. Die Spree bildet eine milchige Oberfläche, wenn du per Langzeitbelichtung (30 s) belichtest. Packe dazu ein stabiles Stativ nebst Fernauslöser ein.

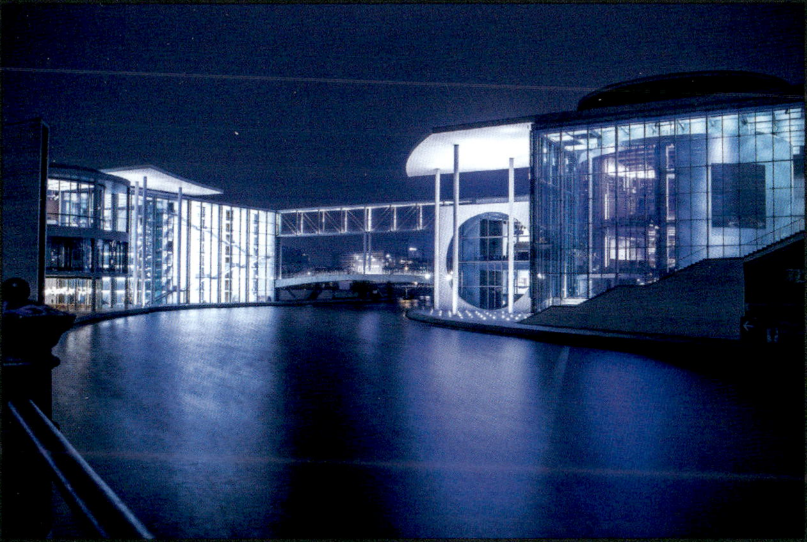

Mit Stativ und der Mischung aus Restlicht und Kunstlicht ergibt sich ein zur Atmosphäre passender kühler Blauton.

ISO 200 / 30 mm / f18 / 30 s

Urnengang Krematorium Wilmersdorf

Thema: Architektur
Adresse: Kalischer Straße 7, 10713 Berlin
Anreise: U-Bahnhof Blissestraße, von dort und ca. 10 Minuten zu Fuß

Über den Ort

Dieser Urnengang gehört zum Friedhof Wilmersdorf. Durch seine langen Gänge, die Struktur des Mauerwerkes und die geometrischen Formen sowie das seitlich einfallende Licht sind die Gänge noch eindrucksvoller als der Friedhof selbst.

Umsetzung

1. Durch den Blick den langen Gang hinab und die seitlich einfallenden Lichter zeigt sich die Tiefe des Ganges. Ich habe einen etwas tieferen Blickwinkel gewählt, um dieses noch zu betonen.
2. Mit einer mittleren Blende (ƒ6.3) und einer Brennweite von 37 mm erzielst du eine optimale Tiefenschärfe mit schöner Struktur der Wände.
3. Durch eine leichte Unterbelichtung (–1) und das schöne Licht am späten Nachmittag ist die Bildwirkung sehr warm und gibt dem Ort eine friedliche Stimmung.

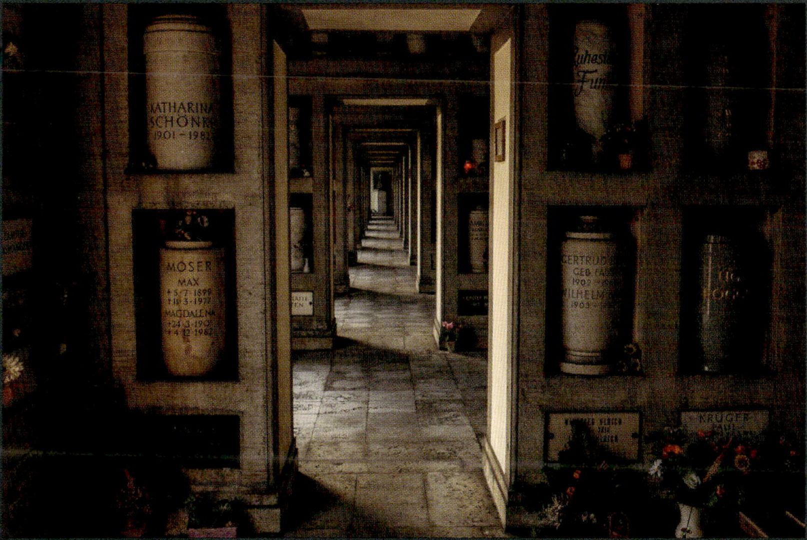

Durch ihre Länge sind die Urnengänge ein tolles Motiv, wenn du das Spiel mit Perspektiven magst.

ISO 640 / 37 mm / f6.3 / 1/50 s

Jüdisches Museum

Thema: Architektur/Geschichte
Adresse: Lindenstraße 9–14, 10969 Berlin
Anreise: U-Bahn Hallesches Tor, von dort 5 Minuten zu Fuß
Infos: www.jmberlin.de

Über den Ort

Das Jüdische Museum in Berlin ist das größte jüdische Museum Europas. Die Dauerausstellung vermittelt einen Überblick über zwei Jahrtausende deutsch-jüdischer Geschichte. Das Fotografieren im Museum ist ausschließlich für den privaten Gebrauch erlaubt, allerdings ohne Stativ oder Blitzlicht.

Umsetzung

1. Die beeindruckende Installation aus runden Eisenplatten zeigt Gesichter mit aufgerissenen Mündern. Die Besucher laufen über die Gesichter und verursachen eine laute Geräuschkulisse durch das Klacken des Metalls.
2. Durch den niedrigen Blickwinkel und die große Blende (ƒ4.5) liegt der Fokus auf den Formen. Im Hintergrund bildet der aus Sichtbeton konstruierte Bau eine spannende Perspektive und leitet den Blick zu den Besuchern, die in der Unschärfe nur schemenhaft erscheinen.
3. Passe den ISO-Wert nötigenfalls an, um die Verschlusszeit nicht zu lang werden zu lassen.

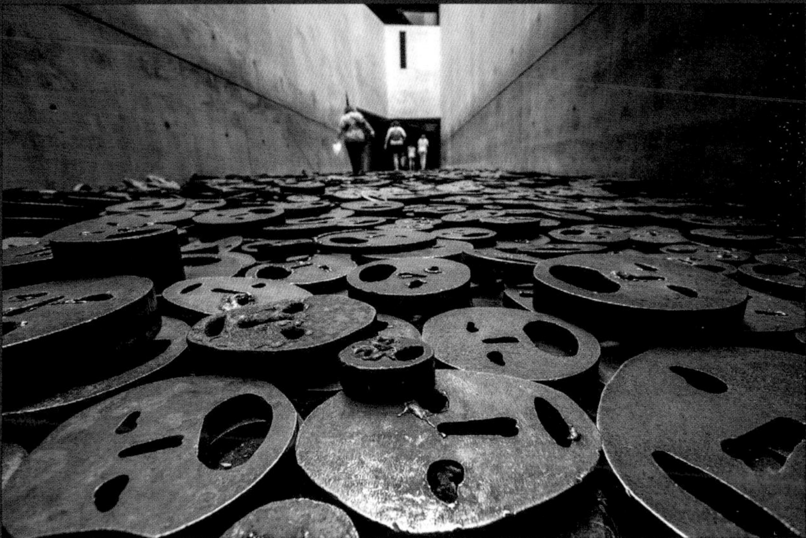

Der niedrige Blickwinkel zieht den Blick auf die Details der Gesichtsformen im Vordergrund.

ISO 100 / 10 mm / ƒ4.5 / 1/6 s

Schloss Bellevue

Thema: Landschaft/Architektur
Adresse: Spreeweg 1, 10557 Berlin
Anreise: U-Bahn Hansaplatz, von dort ca. 10 Minuten zu Fuß

Über den Ort

Das prächtige, in hellem Weiß strahlende Schloss ist Sitz des amtierenden Bundespräsidenten. Es liegt etwas zurückversetzt und ist durch einen Zaun geschützt. Für Details solltest du also ein Zoomobjektiv dabei haben.

Umsetzung

1. Willst du das Schloss in voller Größe zeigen, wähle eine Brennweite von 24 mm. Um es vom klassischen Touristenfoto zu unterscheiden, wähle einen tiefen Blickwinkel kurz über dem Rasen.
2. Eine große Blende (ƒ4) lässt die Grasfläche in der Unschärfe verschwimmen. Das führt den Blick hin zum Schloss und betont Entfernung und Größe. Fokussiere dazu auf das Schloss selbst.
3. Beim Fotografieren am frühen Nachmittag habe ich die Farben durch eine leichte Unterbelichtung (–1) verstärkt. So kommt Kontrast in die Wolken, und die grüne Rasenfläche und das Schloss strahlt in der Mitte.

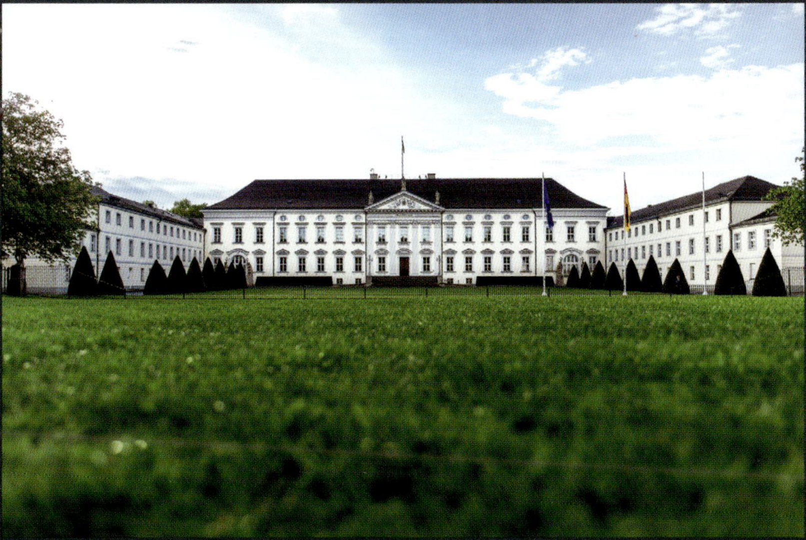

Hier fotografieren Tausende Besucher täglich, doch gehen die wenigsten für ihr Foto ganz tief in die Knie.

ISO 100 / 24 mm / ƒ4 / 1/320 s

Kinderbauernhof im Görlitzer Park

Thema: Tierfotografie/People
Adresse: Wiener Straße 59 B, 10999 Berlin
Anreise: U-Bahn Görlitzer Bahnhof und entweder 10 Minuten zu Fuß oder eine Station mit dem Bus
Infos: www.kinderbauernhofberlin.de

Über den Ort

Mitten im berüchtigten Görlitzer Park liegt der Kinderbauernhof Görlitzer Park. Dort gibt es Schweine, Esel, Ziegen, Schafe und weitere tierische Motive. Zudem sind hier viele jungen Familien unterwegs für dein perfektes Bauernhofmotiv.

Umsetzung

1. Da ich eigentlich ein Tierporträt fotografieren wollte, hatte ich ein Teleobjektiv in meiner Fototasche. Doch hat sich dies Motiv ergeben, passend zum Thema Kinderbauernhof.
2. Für Unschärfe im Vordergrund wähle eine große Blende (ƒ4 – ƒ5.6) und eine Brennweite von 250 mm.
3. Der niedrige Blickpunkt ermöglicht ein Foto auf Augenhöhe. Der Fokus liegt auf dem Kind. Das Schaf ist schemenhaft erkennbar.

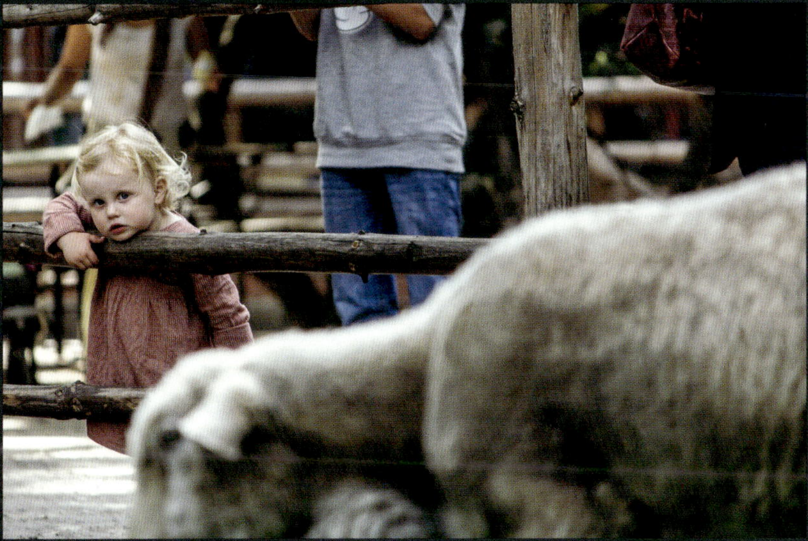

Der Fokus liegt auf dem Mädchen. Doch bringt das Schaf in Unschärfe den Zusammenhang zum Kinderbauernhof.

ISO 200 / 250 mm / ƒ5.6 / 1/200 s

ParkInn Hotel

Thema: Panorama/Sonnenuntergang
Adresse: Alexanderplatz 7, 10178 Berlin
Anreise: S-Bahn Alexanderplatz
Infos: www.berlin.de/tourismus/aussichtsplattformen-und-aussichtspunkte

Über den Ort

Mit 150 Metern bis zur Gebäudespitze ist das ParkInn Hotel das zweithöchste Gebäude Berlins. Auf dem Dach befindet sich eine öffentlich zugängliche Aussichtsterrasse mit Südblick: die perfekte Sicht in Richtung Fernsehturm und Berliner Skyline.

Umsetzung

1. Um ein optimales Panorama abzubilden, solltest du ein Weitwinkelobjektiv mit einer Brennweite von 10–20 mm dabeihaben.
2. Zeitpunkt für diese Aufnahme war der frühe Abend. Die Wolken wirken mächtig, fast gefährlich, da sie durch die untergehende Sonne tolle Kontraste bekommen.
3. Eine mittlere bis kleine Blende (ƒ11) garantiert volle Tiefenschärfe.

TIPP: WOLKENSTRUKTUR VERSTÄRKEN

Eine leichte Unterbelichtung verstärkt die Farben und Kontraste der Wolken. Achte darauf, dass alle Strukturen der Häuser erhalten bleiben.

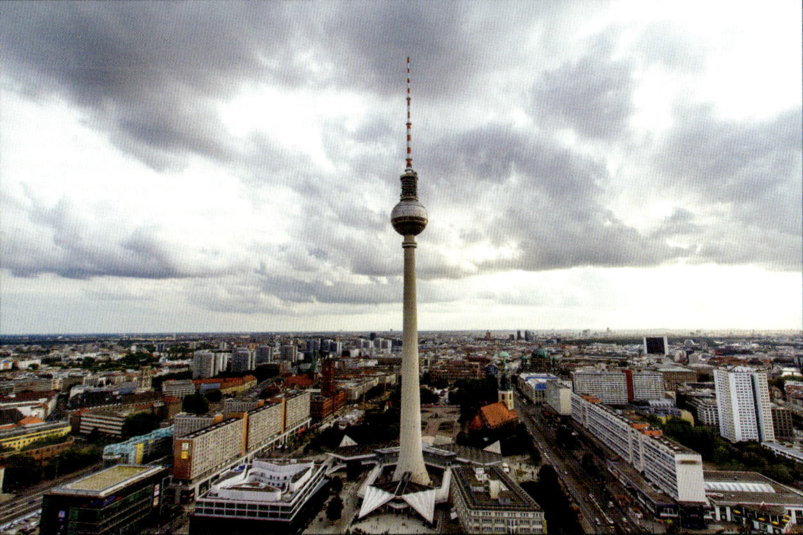

Das klassische Skylinefoto mit Fernsehturm und Stadtpanorama.

Museumsinsel Berlin

Thema: Architektur
Adresse: Bodestraße 1–3, 10178 Berlin
Anreise: S-Bahn Friedrichstraße, von dort 5 Minuten zu Fuß
Infos: www.museumsinsel-berlin.de

Über den Ort

Der Blickwinkel von der Ebertbrücke vor dem Bode-Museum ist ein beliebtes Fotomotiv. Hier kannst du zudem deinen Rundgang über die Museumsinsel vorbei am Pergamonmuseum, der Alten Nationalgalerie, dem Kolonnadengang und anderen sehenswerten Gebäuden starten.

Umsetzung

1. Ab dem frühen Abend wird das Bode-Museum eindrucksvoll beleuchtet. Das Wasser liefert tolle Reflexionen. Von hier aus hast du den Fernsehturm im Bild. Ich habe mit einer Brennweite von 19 mm fotografiert und empfehle dir ebenfalls ein Weitwinkelobjektiv.
2. Per Langzeitbelichtung (13 s) erzielte ich am Abend eine schöne Lichtwirkung. Das geht nur mit Stativ und Fernauslöser.
3. Wähle einen niedrigen ISO-Wert (100) und halte das Bildrauschen gering. Für optimale Tiefenschärfe habe ich eine mittlere bis kleine Blende (ƒ8) gewählt.

TIPP: BLAUE STUNDE STATT DUNKLER NACHT

Es sollte nicht zu dunkel sein, damit du noch genug Struktur in den Gebäuden hast. Bei langer Belichtung nächtlicher Stadtszenerie besteht die Gefahr, dass angestrahlte Gebäude durch das Licht der Strahler „ausbrennen". Die ideale Zeit zum Fotografieren ist die Blaue Stunde.

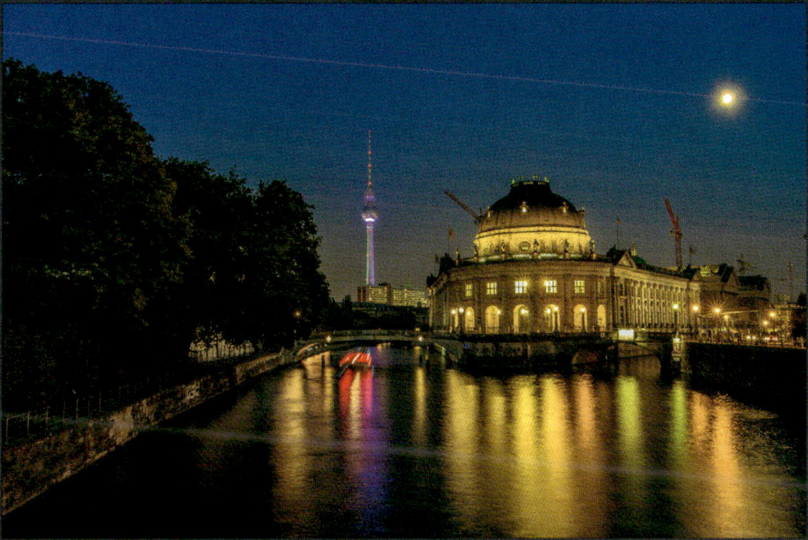

Da gerade das Festival of Lights (im Oktober) begonnen hatte, steht der Fernsehturm in spannendem Licht.

ISO 100 / 19 mm / ƒ8 / 13 s

Berliner Dom

Thema: Architektur
Adresse: Am Lustgarten, 10178 Berlin
Anreise: Bus 100 bis Lustgarten oder ab S-Bahn Alexanderplatz 5 bis 10 Minuten zu Fuß
Infos: www.berlinerdom.de

Über den Ort

Der Berliner Dom ist die größte protestantische Kirche Deutschlands. Am Abend sorgen große Strahler für ein eindrucksvolles Motiv vor dem Nachthimmel.

Umsetzung

1. Mein Bild ist im Rahmen des Festival of Lights entstanden, einer Veranstaltung, bei der berühmte Bauwerke jedes Jahr im Oktober durch Illuminationen und Projektionen in Szene gesetzt werden.
2. Ein niedriger Blickpunkt und die weitwinkelige Brennweite (18 mm) betonen die Größe des Gebäudes und geben ein Gleichgewicht zwischen Lichtinstallation im Vordergrund und dem Dom im Hintergrund.
3. Fokussiere auf die Installation im Vordergrund. Wenn die Figuren weit genug von dir entfernt stehen, wird auch der Dom noch mit akzeptabler Schärfe abgebildet. Dieses Phänomen bezeichnet man in der Fotografie als hyperfokale Distanz.

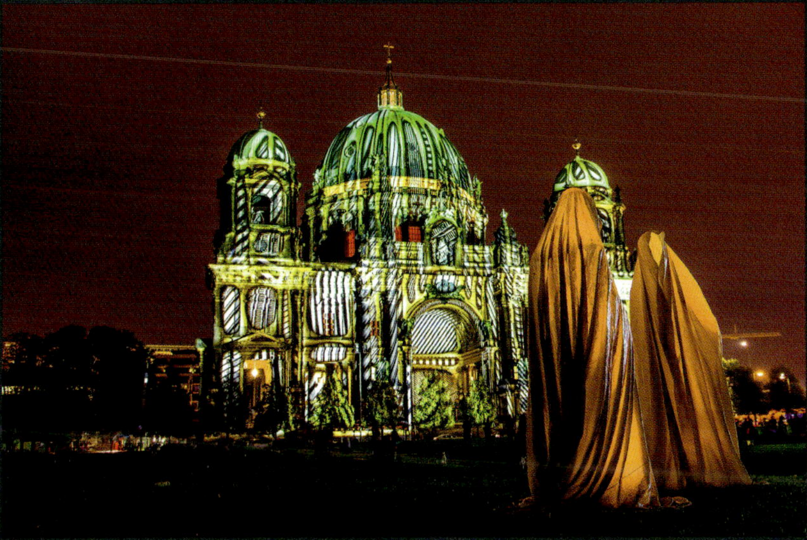

Der Berliner Dom ist nicht nur zum Festival of Lights ein spannendes Motiv.

ISO 100 / 18 mm / ƒ2.5 / 4 s

Haus der Kulturen (Schwangere Auster)

Thema: Architektur
Adresse: John-Foster-Dulles-Allee 10, 10557 Berlin
Anreise: U-Bahn Bundestag, von dort ca. 10 Minuten zu Fuß
Infos: www.hkw.de

Über den Ort

Das Haus der Kulturen der Welt ist ein Ausstellungsort für zeitgenössische Kunst. Wegen seiner individuellen Form wird das Gebäude auch liebevoll „schwangere Auster" genannt.

Umsetzung

1. Der Teich vor der „schwangeren Auster" ist ideal für Spiegelungen, welche das Spiel mit der Kuppel sehr reizvoll machen.
2. Für die vollständige Abbildung des Gebäudes wähle ein Weitwinkel (24 mm). Nehme auch ein Zoomobjektiv mit, der Bau bietet viele spannende Details.
3. Für ein klares Spiegelbild wähle eine mittlere bis kleine Blende (ab f8). Das Foto ist am frühen Morgen zur Blauen Stunde fotografiert. Dafür habe ich ein Stativ genutzt und mit 4 s belichtet.

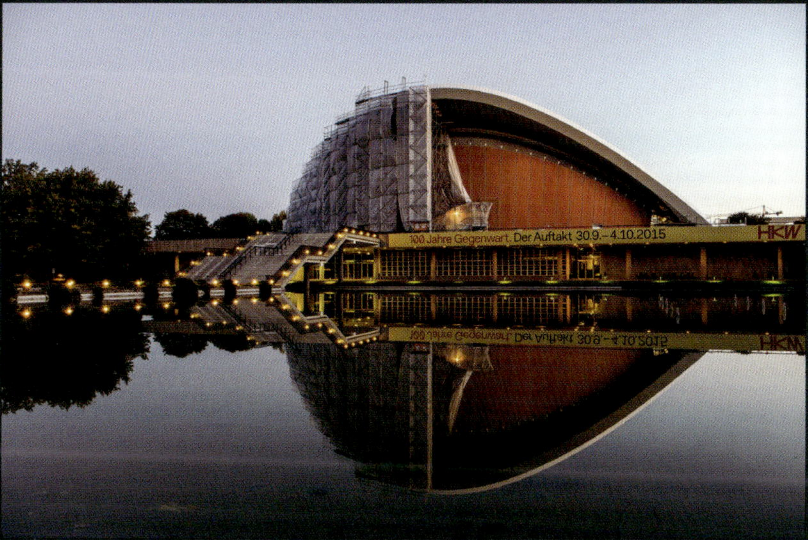

Es befand sich ein Baugerüst vor dem Gebäude.
Lässt sich manchmal nicht ändern.
Hier gibt es dem Foto eine schöne Symmetrie und Teilung.

ISO 100 / 24 mm / ƒ8 / 4 s

Siegessäule

Thema: Architektur/Sonnenuntergang
Adresse: Großer Stern, 10557 Berlin
Anreise: U-Bahn Hansaplatz und Bus 100 bis Großer Stern
Infos: www.berlin.de/orte/sehenswuerdigkeiten/siegessaeule

Über den Ort

Oben auf der Siegessäule schwebt Siegesgöttin Viktoria, auch bekannt als „Goldelse". Sie bietet von unten ein schönes Motiv, insbesondere aus der Perspektive im Tunnelausgang zum großen Stern. Von oben ergibt sich ein toller Panoramablick über die Stadt.

Umsetzung

1. Der Panoramablick über Berlin ist beeindruckend. Um das Bild zu etwas Besonderem zu machen, halte Ausschau nach Kompositionshilfen. Ich habe das Geländer der Aussichtsplattform gewählt.
2. Achte in deiner Belichtung auf die hellen und dunklen Bereiche in deinem Bild und probiere mit der Belichtungsmessung herum, damit die hellen Partien nicht überbelichtet werden.
3. Wähle eine kleine Blende (ƒ22) für die maximale Tiefenschärfe. Ich habe zudem eine moderate Telebrennweite (60–80 mm) gewählt. Der Rahmen wird durch die Naheinstellgrenze eine leichte Unschärfe behalten, was für die Komposition aber gut passt.

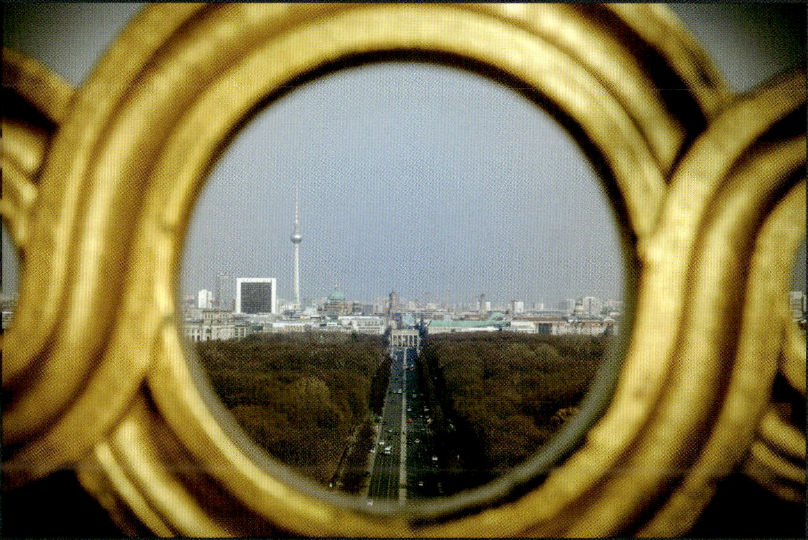

Wie durch ein Bullauge öffnet sich der Blick von der Siegessäule über den Großen Tiergarten.

ISO 400 / 67 mm / f22 / 1/200 s

Tiergarten

Thema: Landschaft
Adresse: Straße des 17. Juni 31, 10785 Berlin
Anreise: S-Bahn Tiergarten

Über den Ort

Mit 210 Hektar ist der Große Tiergarten die zweitgrößte Berliner Parkfläche. Du findest vielfältige Motive von Landschaft über Gartenthemen bis hin zu Straßenkünstlern. Nimm dir Zeit, der Park ist riesig.

Umsetzung

1. Es war dunkel, windig und hatte geregnet. Die Laternen sorgen für ein warmes Licht.
2. Die Laternen geben dem Bild die perspektivische Wirkung. Durch einen tiefen Winkel wird der sandige Boden greifbar.
3. Mit mittlerer Blende (ƒ5.6) erreiche ich eine gute Tiefenschärfe mit leichter Unschärfe im Vordergrund, um den Blick ins Bild zu ziehen

TIPP: LICHT ERZEUGT STIMMUNG

Kombiniere bei solchen Aufnahmen das Restlicht des Tages mit Kunstlicht der Laternen. Eine Szene am Abend kann durch Licht sehr viel stimmungsvoller wirken als bei Tag.

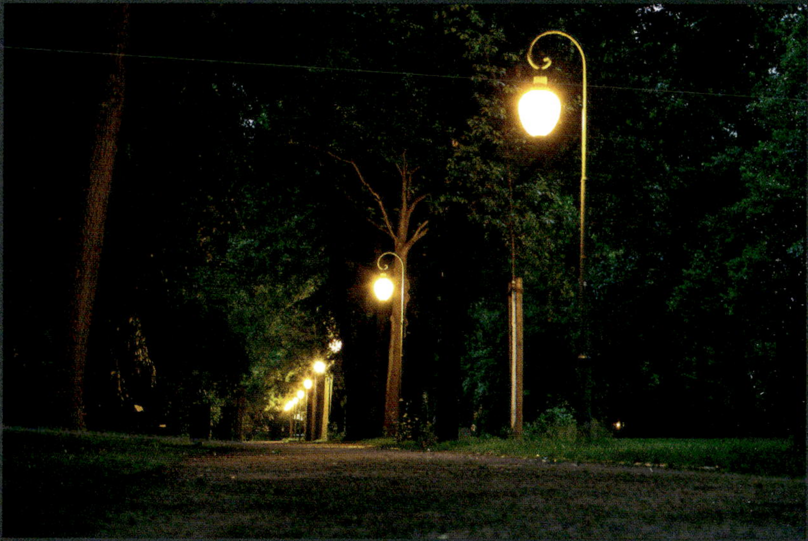

Die Laternen tauchen die nächtliche Allee unweit der Siegessäule in ein warmes Licht.

ISO 3200 / 85 mm / f5.6 / 1 s

Blick von der Fischerinsel

Thema: Panorama/Langzeitbelichtung
Adresse: Gertraudenstraße 20, 10178 Berlin
Anreise: U-Bahn Märkisches Museum, von dort 5 Minuten zu Fuß

Über den Ort

Von den Hochhäusern aus hast du einen tollen Blick über Berlin in Richtung Berliner Dom und Fernsehturm. Die Häuser haben Treppenhäuser mit Umlaufbalkonen. Ich habe ein freundliches Pärchen gebeten, mich ins Haus zu lassen.

Umsetzung

1. Du benötigst Stativ und Fernauslöser. Dieses Foto ist vom zehnten Stock aus fotografiert. Da hast du den besten Winkel.
2. Bestenfalls ist es noch nicht ganz dunkel. So kannst du das Restlicht optimal nutzen. Eine mittlere Blende (*f*7.1) und ein niedriger ISO-Wert (100) garantieren dir ein rauschfreies, tiefenscharfes Foto.
3. Fokussiere per Live-View auf die entfernt liegenden Häuser und gehe in den manuellen Fokus. Experimentiere mit Belichtungszeiten von 10–25 s, um unterschiedlich lange und intensive Lichtspuren zu bekommen.

TIPP: LICHTER BEI NACHT

Achte auf die Ampelschaltung. Das Foto gelingt besonders gut, wenn der Verkehr in beide Richtungen rollt, denn dann hast du rote und weiße Lichtlinien im Bild.

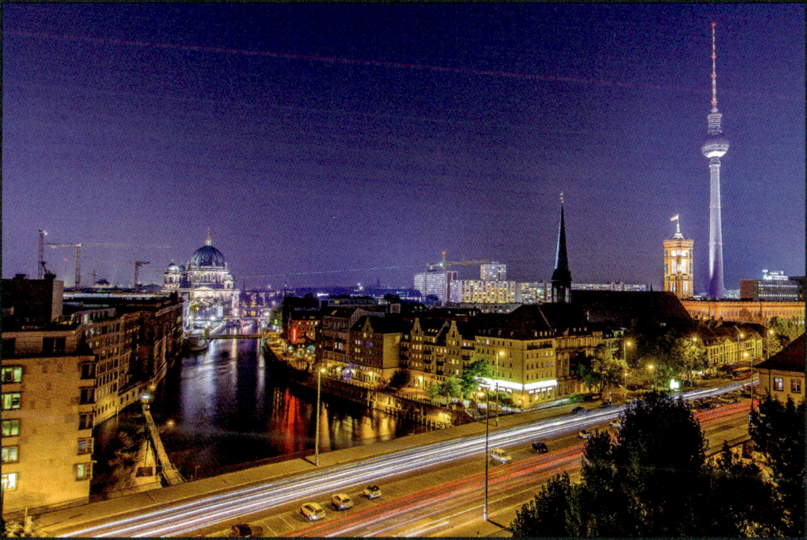

Der Blick aus dem zehnten Stock – so schön kann Berlin sein!

ISO 100 / 20 mm / ƒ7.1 / 15 s

Insel der Jugend

Thema: Architektur/Street
Adresse: Alt-Treptow 6, 12435 Berlin
Anreise: S-Bahn Treptower Park, von dort 5 Minuten zu Fuß

Über den Ort

Die Insel der Jugend liegt mitten in der Spree. Die Abteibrücke führt in großem Rundbogen auf die Brücke und ist eine der ersten Stahlbetonbrücken Deutschlands.

Umsetzung

1. Um die Dimension der Brücke darzustellen, habe ich mich für das Hochformat entschieden und einen schrägen Blickwinkel gewählt.
2. Der Fokus liegt mit großer Blende (ƒ4) auf dem Gebäude gegenüber. Doch erzeugt das nur unmerklich eine leichte Unschärfe im Vordergrund.
3. Wichtig in der Bildkomposition war mir der Halbkreis, den die Brücke mit dem Spiegelbild im Wasser bildet. Dafür habe ich eine kurze Verschlusszeit (1/320 s) gewählt, um keine Unschärfe im Wasser zu haben.

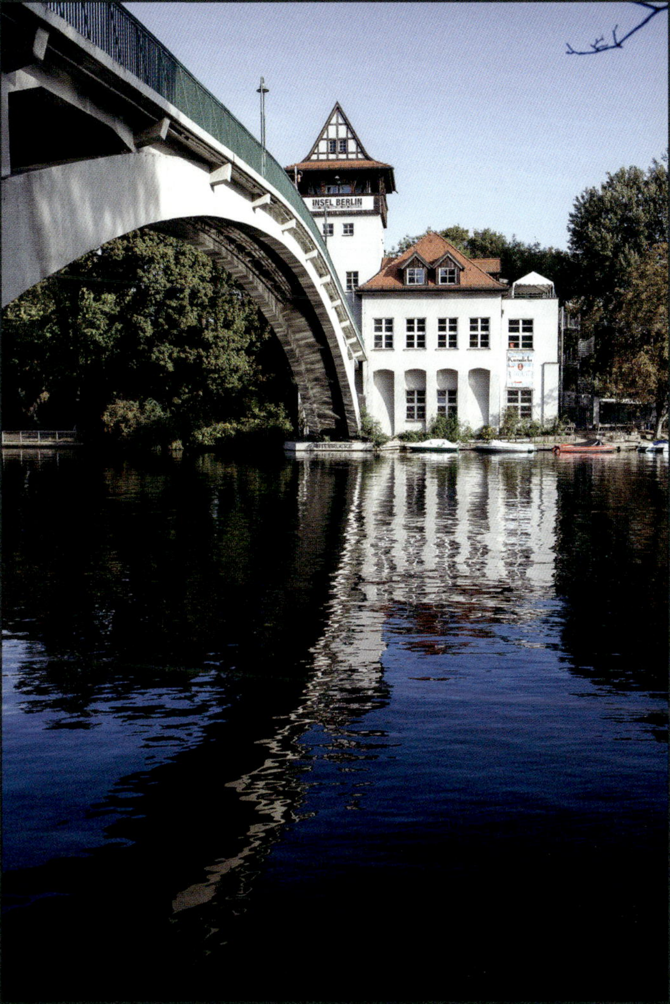

Es ergibt sich eine schöne Symmetrie, wenn du die Ecken der Brücke und der Reflexion jeweils in einem Bildteil im Anschnitt hast.

U-Bahnhof Wittenbergplatz

Thema: Architektur
Adresse: Wittenbergplatz 1, 10789 Berlin
Anreise: U-Bahnhof Wittenbergplatz

Über den Ort

Passend zum repräsentativen Kaufhaus KaDeWe an der Tauentzienstraße wurde der Bahnhof Wittenbergplatz erweitert und im Oktober 1913 fertiggestellt. Der Bau bietet fotografisch viele Details, Holz, Emailleschilder und eine beeindruckende Eingangshalle.

Umsetzung

1. Die Komposition ist sehr symmetrisch. Der niedrige Winkel und die Brennweite (60 mm) unterstützen den Blick durch die Tür als Rahmen.
2. Als Silhouette ist der Mann mit seinen Einkaufstaschen gut erkennbar. Am Bahnhof sind viele Passanten unterwegs. Du findest schnell viele Übungsobjekte für dein Foto.
3. Bei Belichtung auf die hellen Bereiche des Bildes entstehen tolle Silhouetten vor der Straßenkulisse mit Blick zum KaDeWe.

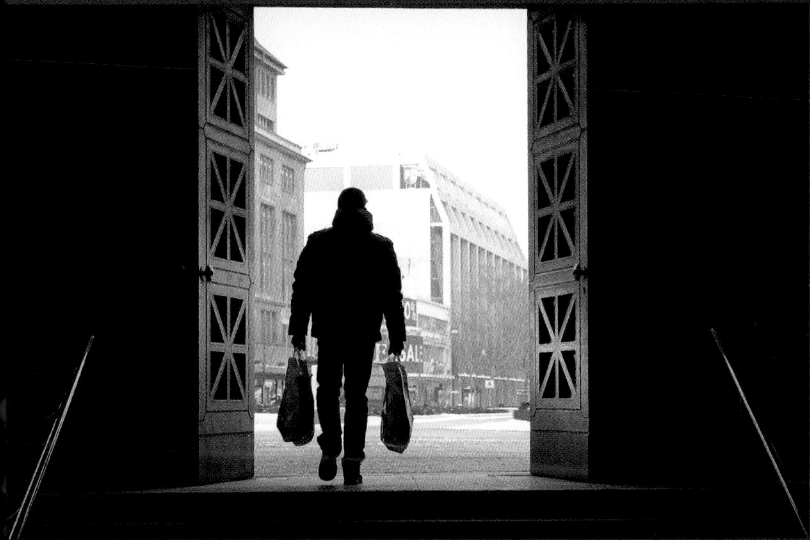

Passend für ein Bild der Streetfotografie habe ich in Schwarz-Weiß fotografiert. Das betont die Kontraste.

ISO 400 / 60 mm / f4.5 / 1/400 s

Neue Wache Berlin

Thema: Architektur
Adresse: Unter den Linden 4, 10117 Berlin
Anreise: Bushaltestelle Staatsoper (Berlin)

Über den Ort

Die Neue Wache ist eine Gedenkstätte für die Opfer von Krieg und Gewaltherrschaft. Es überkommen mich Ruhe, Stille und Nachdenklichkeit, wenn ich das Gebäude betrete.

Umsetzung

1. Durch einen niedrigen Blickpunkt ist die Struktur der Steine erkennbar. Der Blick führt hin zur Skulptur. Wähle eine kleine Blende (ƒ16) für eine durchgängige Tiefenschärfe.
2. Der Innenraum der Neuen Wache ist sehr spartanisch. Daher wollte ich Menschen im Bild vermeiden. Rechne damit, dass Touristengruppen in den Raum strömen, und nimm dir etwas Zeit.
3. Ich habe mit Stativ fotografiert. Stelle deine Kamera auf eine längere Belichtungszeit (0,5–1 s) ein, da der Raum dunkel ist.

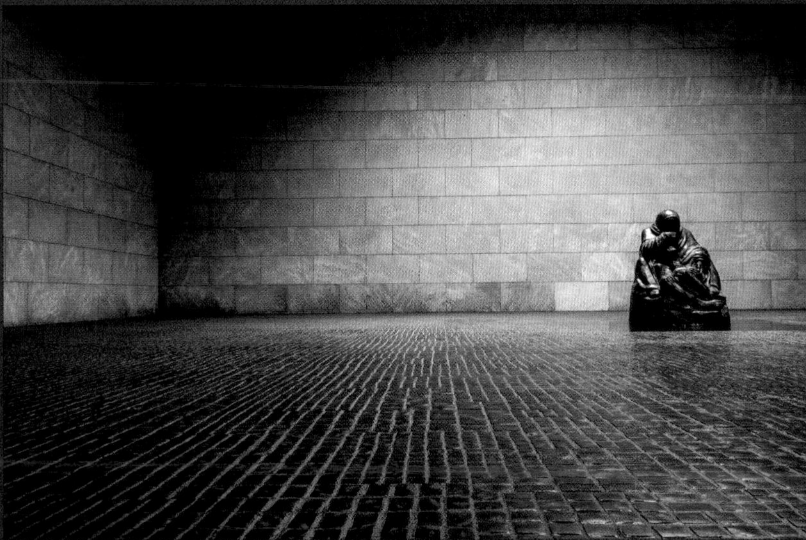

Der Blick führt zu der Kopie der Skulptur „Mutter mit totem Sohn“ von Käthe Kollwitz.

ISO 100 / 28 mm / f16 / 0,8 s

Stasi-Gefängnis Hohenschönhausen

Thema: Architektur/Geschichte/Reportage
Adresse: Genslerstr. 66, 13055 Berlin
Anreise: Straßenbahn M 5 (Freienwalder Straße), von dort 5 Minuten zu Fuß
Infos: www.stiftung-hsh.de

Über den Ort

Im Stasi-Gefängnis in Hohenschönhausen wurden politische Gefangene inhaftiert und gefoltert, heute ist es eine Gedenkstätte. Eine Tour führt über das Gelände der ehemaligen Haftanstalt. Gänge, Zellen sowie teilweise noch eingerichtete Büros sind beeindruckende Motive. Fotografieren ist erlaubt, wobei du schnell sein musst.

Umsetzung

1. Ich hatte wenig Zeit zum Fotografieren. So habe ich den ISO-Wert hochgesetzt (ISO 1000), um ohne Stativ aus der Hand zu fotografieren. Zudem habe ich leicht überbelichtet (+1). So hatte ich in dunklen Bereichen noch Zeichnung.
2. In der Brennweite habe ich ein weitwinkeliges Objektiv genutzt (24 mm), um viel vom Raum abzubilden.
3. In der Nachbearbeitung habe ich etwas Farbe aus dem Bild genommen, um die Wirkung der tristen Gefängniszelle zu verstärken.

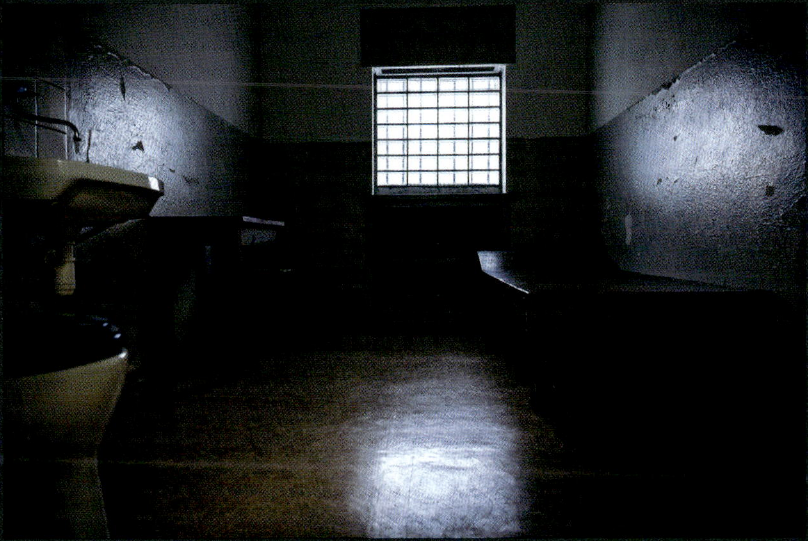

Eine ehemalige Gefängniszelle: Für eine gewisse Enge habe ich mich für den niedrigen Blickwinkel entscheiden.

ISO 1000 / 24 mm / f4 / 1/100 s

Zoo Berlin

Thema: Tierfotografie
Adresse: Hardenbergplatz 8, 10787 Berlin
Anreise: S-Bahn Zoologischer Garten
Infos: www.zoo-berlin.de

Über den Ort

Der Zoo Berlin unweit des Ku'damms gehört zu den meistbesuchten Sehenswürdigkeiten Berlins. Mit über 17 000 Tieren von fast 1600 Arten sowie dem angeschlossenen Aquarium gehört der Zoologische Garten zu den artenreichsten Zoos der Welt.

Umsetzung

1. Gehe vor wie bei einem klassischen Porträt. Die Herausforderung ist, die Raubkatze trotz Bewegung und dunklem Raubtierhaus scharf abzubilden. Ich habe einen hohen ISO-Wert gewählt (3000), was aber bei ausreichend Licht in Ordnung ist.
2. Als Einstellung habe ich die größte Blende des Objektivs gewählt (ƒ6.3), um – wie beim Porträt üblich – den Schärfepunkt auf die Augen zu legen.
3. Durch eine hohe Brennweite (500 mm) konnte ich den Kopf der Löwin formatfüllend freistellen. Schwarz-Weiß gibt dem Porträt Charakter.

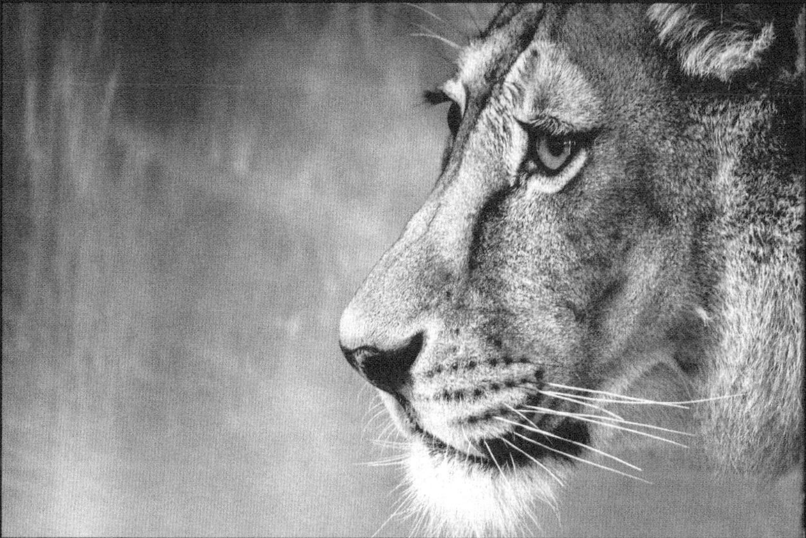

Zoos machen mich immer nachdenklich. So habe ich mich für das charakterstarke Porträt entschieden.

ISO 3200 / 500 mm / f6.3 / 1/100 s

Plänterwald

Thema: Landschaft/Makro
Adresse: Puschkinallee/Am Treptower Park, 12435 Berlin
Anreise: S-Bahn Treptower Park
Infos: www.treptowerpark.de

Über den Ort

Angrenzend an den Treptower Park beginnt der Plänterwald. Er erstreckt sich über 89 Hektar. Auf dich wartet ein Märchenwald – der teils sehr verwildert und ursprünglich ist.

Umsetzung

1. Fotografiere per Weitwinkelobjektiv (16 mm) aus niedrigem Blickwinkel in die Weite des Laubdaches.
2. Eine kleine Blende (*f*16) ermöglicht große Tiefenschärfe und Sterneffekte. Dabei hängen die Zacken der Sterne von den Lamellen deines Objektivs ab. Probiere es aus.
3. Ich habe in die Sonne hinein belichtet, dadurch ist der Himmel überbelichtet. Dabei habe ich meine Belichtung auf die Blätter abgestimmt und erhalte Grün und Struktur des Blätterdachs.

TIPP: STERNEFFEKTE IM LICHT

Wenn du eine kleine Blende (ab *f*16) wählst und in eine Lichtquelle hineinfotografierst (Straßenlaterne, Sonne, Strahler), ergeben sich Blendensterne und Glanzsterne im Foto. Das sieht bei Landschaftsfotos toll aus. Die Zacken der Sternenformen sind abhängig von den Lamellen deines Objektivs.

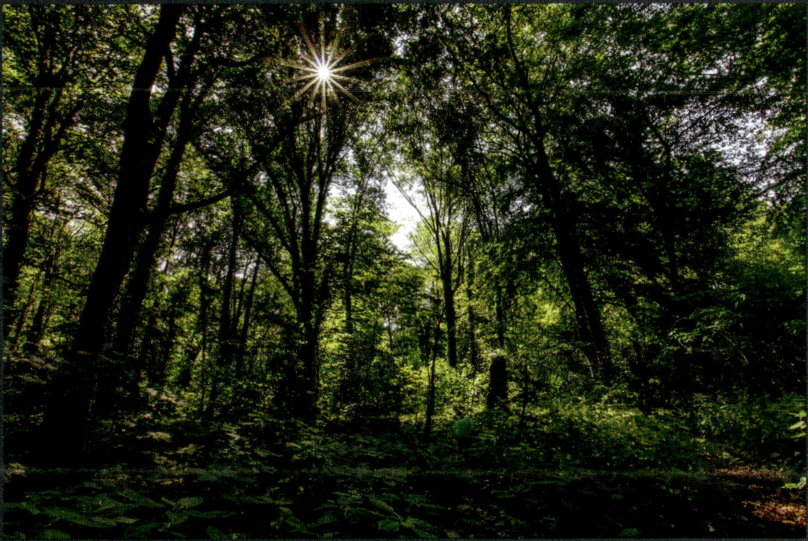

An sonnigen Tagen erzeugt der Blick nach oben im Wald ein entspannendes Gefühl. Besonders am frühen Morgen macht eine Entdeckungsreise durch den Plänterwald Spaß.

ISO 400 / 16 mm / f16 / 1/50 s

Tegeler Fließ

Thema: Landschaft/Makro/Tierfotografie
Adresse: Jagowstraße 34, 13467 Berlin
Anreise: U-Bahn Alt-Tegel und Bus 125 in Richtung Frohnau

Über den Ort

Diese Naturlandschaft ist einmalig für Berlin. Das Gewässer schlängelt sich durch Lübars, Hermsdorf und Waidmannslust. So soll hier unter anderem der Eisvogel oder im gewässernahen Bereich die vom Aussterben bedrohte Glattnatter zu beobachten sein. Auch hat das Tegeler Fließ neue Bewohner bekommen. So wurde eine Herde Wasserbüffel angesiedelt.

Umsetzung

1. Für dieses Foto bin ich um 5 Uhr aufgestanden. Der Nebel liegt über den Wiesen, und langsam kommen mir die Wasserbüffel entgegen.
2. Für solch einen Moment brauchst du Geduld. Ich habe mit einem 200-mm-Tele-/Zoomobjektiv und mit großer Blende (ƒ4.5) fotografiert. So lege ich den Fokus auf die Tiere.
3. Gleiche je nach Lichtverhältnis den ISO-Wert an, um genug Licht zu haben. Achte darauf, dass die Stimmung erhalten bleibt.

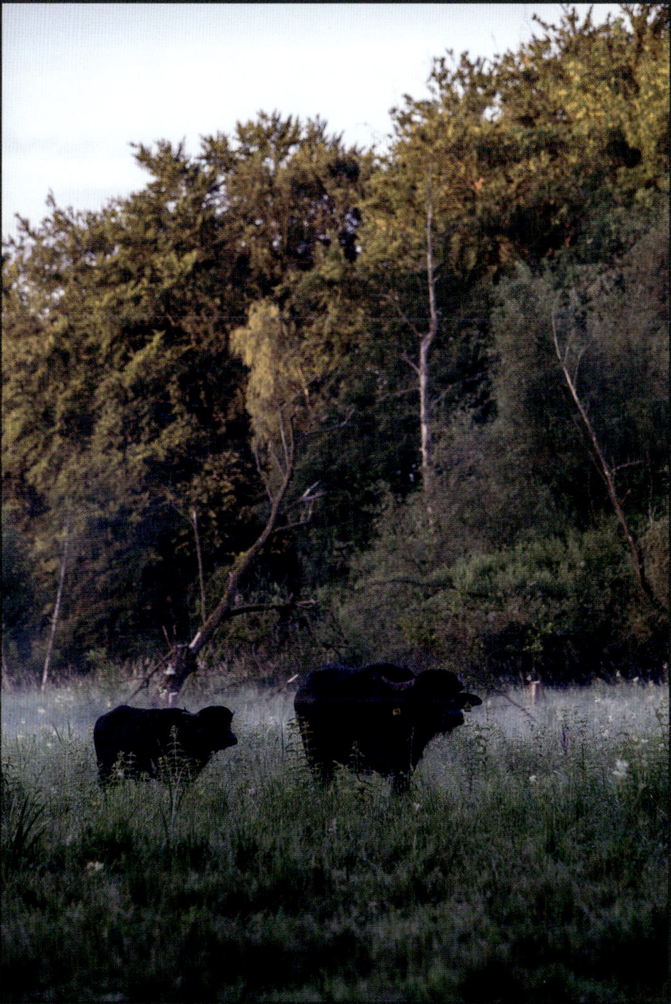

Wasserbüffel tauchen aus dem Morgennebel vor mir auf und bewegen sich langsam auf mich zu.

ISO 800 / 163 mm / ƒ4.5 / 1/250 s

Brandenburger Tor

Thema: Architektur/Langzeitbelichtung
Adresse: Pariser Platz, 10117 Berlin
Anreise: S- und U-Bahn Brandenburger Tor

Über den Ort

Das 1791 eröffnete Brandenburger Tor bildet den Abschluss des Boulevards Unter den Linden. Weltbekannt und millionenfach fotografiert, ist es umso reizvoller, fotografisch etwas in Szene zu setzen.

Umsetzung

1. Ein Lichtspiel aus Linien vorbeifahrender Autos und dem goldgelb angestrahlten Tor – dafür habe ich mich in Richtung der Straße des 17. Juni auf der gegenüberliegenden Verkehrsinsel mit meinem Stativ platziert. Zusätzlich empfehle ich einen Fernauslöser.
2. Fokussiere auf das Tor und deaktiviere den Autofokus. Wähle einen niedrigen ISO-Wert und eine kleine Blende (*f*18) für ein rauschfreies Foto mit großer Tiefenschärfe. Durch die kleine Blende ergeben sich zudem schöne Sterneffekte in den Lichtern.
3. Probiere je nach Lichtverhältnissen mit Belichtungszeiten von 10–30 s.

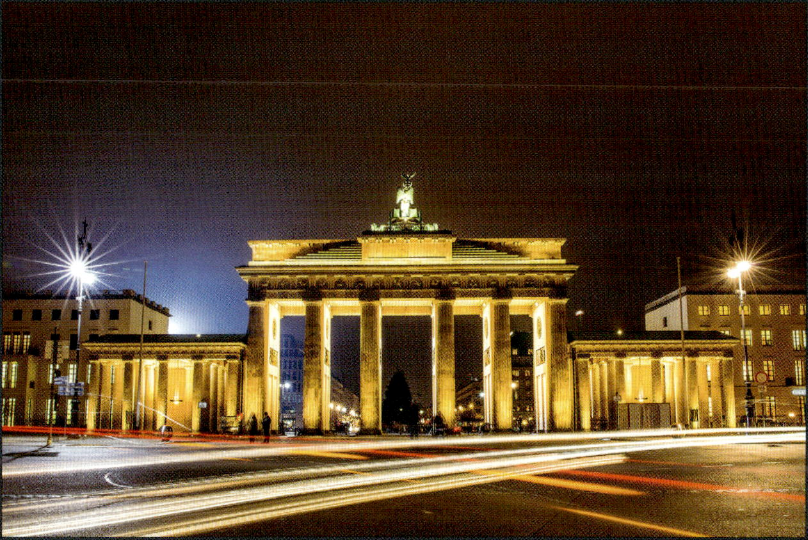

Achte auf die Ampelschaltung, um tolle Effekte aus hellen und roten Streifen zu erzielen.

ISO 100 / 30 mm / f18 / 15 s

Märchenbrunnen im Volkspark Friedrichshain

Thema: Architektur
Adresse: Am Friedrichshain, 10249 Berlin
Anreise: Tram M4 bis Am Friedrichshain

Über den Ort

Insgesamt findest du rund um die 1913 eröffnete Brunnenanlage im Volkspark Friedrichshain 106 Steinskulpturen aus Märchen wie „Der gestiefelte Kater", „Hans im Glück", „Aschenputtel" und anderen Klassikern.

Umsetzung

1. Die Figur im Vordergrund verleiht der Aufnahme Struktur und rahmt das Bild ein. Durch eine Brennweite von 35 mm erkennt man den restlichen Brunnen.
2. Durch die Wahl einer großen bis mittleren Blende (ƒ5) wird der Fokus auf den Vordergrund gelegt, deutet den Brunnen in leichter Unschärfe an.
3. In der anschließenden Bildbearbeitung habe ich mich für ein Schwarz-Weiß-Motiv entschieden. Das gibt den Steinen mehr Struktur.

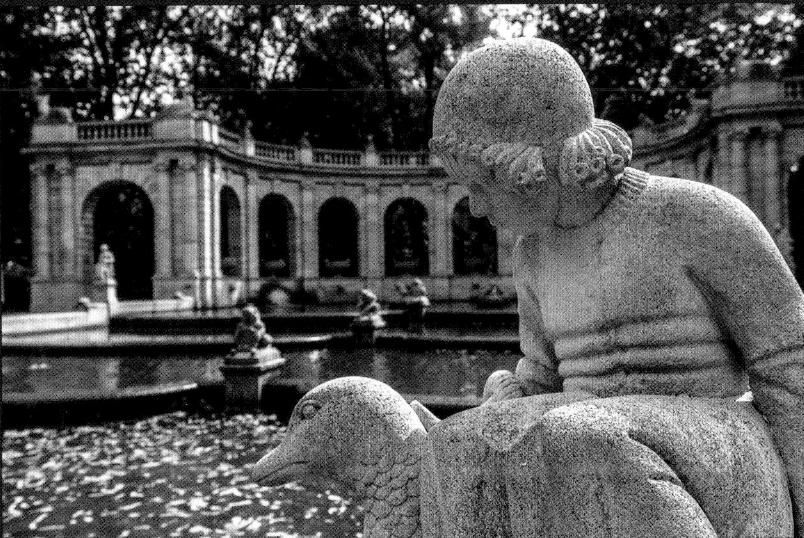

Spiele mit Blenden und beobachte, wie sich die Bildwirkung verändert.

ISO 100 / 35 mm / ƒ5 / 1/640 s

Grunewald

Thema: Landschaft/Makro
Adresse: Schildhornweg, 14193 Berlin
Anreise: S-Bahn Berlin-Grunewald

Über den Ort

Perfekt, wenn du Motive im Grünen suchst und auf Entdeckungstour gehen willst: Auf dich wartet ein rund 3 000 Hektar großes Waldgebiet.

Umsetzung

1. Mein Motiv beinhaltet nur zwei Farben: Grün und Weiß. Ich habe einen kleinen Schmetterling getreu der Drittel-Regel am linken unteren Bildrand platziert.
2. Fokussiere auf den Kopf des Tierchens. Eine größere Tele-/Zoombrennweite (100 mm) ließ mir Abstand, um den Schmetterling nicht zu erschrecken.
3. Durch eine große bis mittlere Blende (ƒ4) gelingt es, sowohl den Schmetterling ins Umfeld einzubetten als auch den Hintergrund in leichter Unschärfe auslaufen zu lassen.

TIPP: SO WENDEST DU DIE DRITTEL-REGEL AN

Bei der Drittel-Regel (angelehnt an den Goldenen Schnitt) wird das Bild mittels zweier senkrechter und waagerechter Linien in neun gleichgroße Bereiche eingeteilt. Das Motiv wird dann an diesen Linien oder einem der vier Schnittpunkte ausgerichtet. Die Bildkomposition wirkt dadurch spannender. Bei viele Kameras lässt sich im Sucher ein Raster einblenden, an dem man sich orientieren kann.

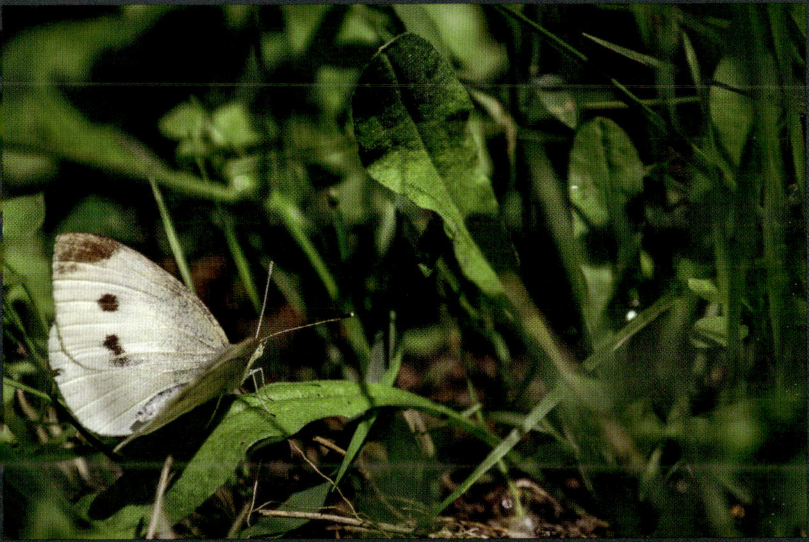

Bei kleinen Motiven am Wegesrand
ist deine volle Aufmerksamkeit gefragt.

ISO 400 / 100 mm / f4 / 1/500 s

Dorotheenstädtischer Friedhof

Thema: Architektur/Landschaft
Adresse: Chausseestraße 126, 10115 Berlin
Anreise: U-Bahn Oranienburger Tor, von dort 5 Minuten zu Fuß

Über den Ort

Auf dem Dorotheenstädtischen Friedhof liegen Persönlichkeiten wie Berthold Brecht oder der ehemalige Bundespräsident Johannes Rau. Ich finde es immer spannend, an diesen Orten Ausschau nach kleinen Details zu halten.

Umsetzung

1. Die handtellergroße Figur findet sich am Portal einer Grabstätte inmitten des Friedhofs. Durch eine mittlere Blende (ƒ9) bekomme ich sowohl das Wort „Frieden" als auch das Gesicht der Figur scharf auf das Foto.
2. Gehe sehr nah ran und wähle eine moderate Brennweite (55 mm), um die Struktur des Untergrunds gestochen scharf auf dein Bild zu bekommen.
3. Vermeide auf deinem Foto Bezugspunkte, so lässt sich keine Aussage über die wirkliche Größe des Motivs erstellen.

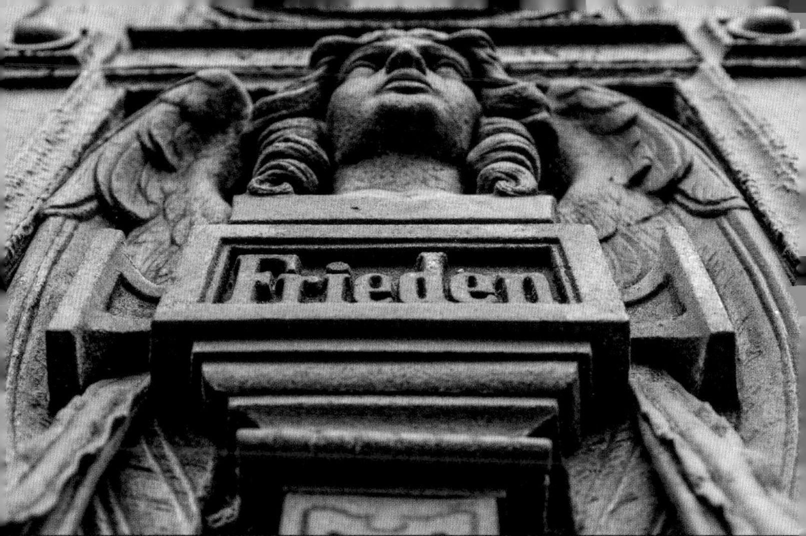

Die ungewöhnliche Perspektive ohne Bezugspunkte wie z. B. den Himmel sowie der geringe Abstand lassen keine Aussage über die Größe der Figur zu.

Café Moskau

Thema: Architektur
Adresse: Karl-Marx-Allee 34, 10178 Berlin
Anreise: U-Bahn Schillingstraße, von dort 5 Minuten zu Fuß

Über den Ort

Das Café Moskau liegt auf der bekannten Karl-Marx-Allee, gegenüber dem Kino International. Auffällig ist zunächst seine Transparenz, die durch eine offene Atriumbauweise erreicht wurde.

Umsetzung

1. Für mein Foto habe ich mich direkt vor dem Café platziert mit Blickwinkel hinauf zu dem legendären Schriftzug.
2. Achte in deiner Komposition auf die Linienführung und wie diese sich verändert, je näher du rangehst. Ich habe für eine durchgehende Tiefenschärfe mit mittlerer Blende (*f*9) fotografiert.
3. Fotografiert habe ich an einem sonnigen Nachmittag, da setzen sich das Muster und die Struktur schön vom Himmel ab.

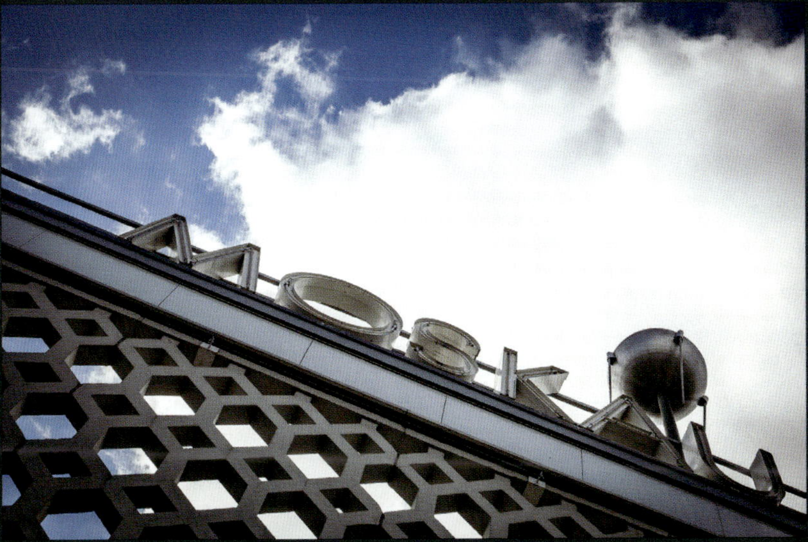

Mein Foto imitiert die klassischen Postkartenmotive, die man von der Karl-Marx-Allee kennt.

ISO 100 / 50 mm / f9 / 1/200 s

Tempelhofer Freiheit

Thema: Landschaft/Street
Adresse: Columbiadamm 122, 10965 Berlin
Anreise: U-Bahn Platz der Luftbrücke, von dort 15 Minuten zu Fuß

Über den Ort

Seit dem Jahr 2010 ist das Rollfeld des Tempelhofer Flughafens ein riesiger Park und bevölkert von Skatern, Bikern und Sonnenanbetern. Zudem sind ein Teil der alten Anlagen der Amerikaner wie eine Fallschirmsprung-Übungsanlage oder diverse andere Flughafenreliquien zu entdecken.

Umsetzung

1. Ich bringe die Entfernungsmarkierungen der Rollbahn in Zusammenhang mit einem Radfahrer.
2. Dafür wähle ich einen niedrigen Blickwinkel mit Fokus auf der 1000-Meter-Markierung. Durch eine große Blende (ƒ4) erziele ich eine Unschärfe im Hintergrund.
3. Eine zusätzliche dynamische Wirkung kannst du durch eine längere Belichtungszeit (z. B. eine 1/10 s) erzielen, um Sportler noch dynamischer wirken zu lassen. Dafür solltest du allerdings ein Stativ dabei haben.

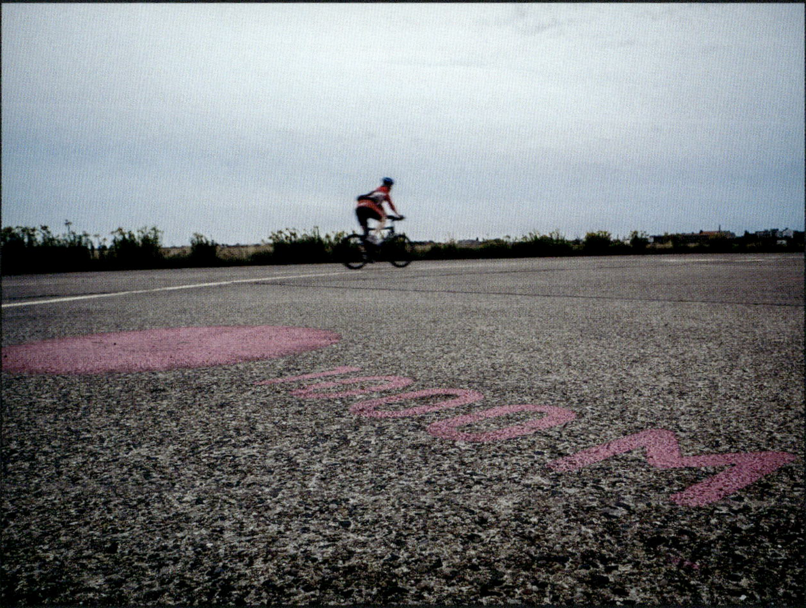

Ich finde besonders das Rollfeld spannend. Auf dem Asphalt sind sowohl alte als auch neue Beschriftungen zu finden.

ISO 100 / 24 mm / ƒ4 / 1/50 s

Warschauer Brücke

Thema: Street
Adresse: Warschauer Brücke, 10243 Berlin
Anreise: U-Bahn/S-Bahn Warschauer Straße

Über den Ort

Die Warschauer Brücke verbindet den S- und den U-Bahnhof Warschauer Straße miteinander. Die Brücke ist zu jeder Tages- und Nachtzeit belebt. Insbesondere vor dem Ausgang der U-Bahn finden regelrechte Konzerte von Straßenmusikern statt.

Umsetzung

1. Vor dem Licht der untergehenden Sonne erscheinen die Personen als dunkle Silhouette. Dafür habe ich den frühen Abend gewählt und mit 1/50 s belichtet sowie zudem eine Blendenstufe unterbelichtet (–1).
2. Um dem Foto den intimen Moment zu geben, trau dich, sehr nah ranzugehen. Dafür ist eine Festbrennweite wie zum Beispiel ein 50-mm-Objektiv toll. Achte bei der Wahl deiner Entfernung darauf, dass du auch die Umgebung, den Horizont und vorbeistrebende Menschen noch abbildest.
3. Möchtest du statt einer Silhouette mehr Details abbilden, hilft eine leichte Überbelichtung (+1) deines Motivs.

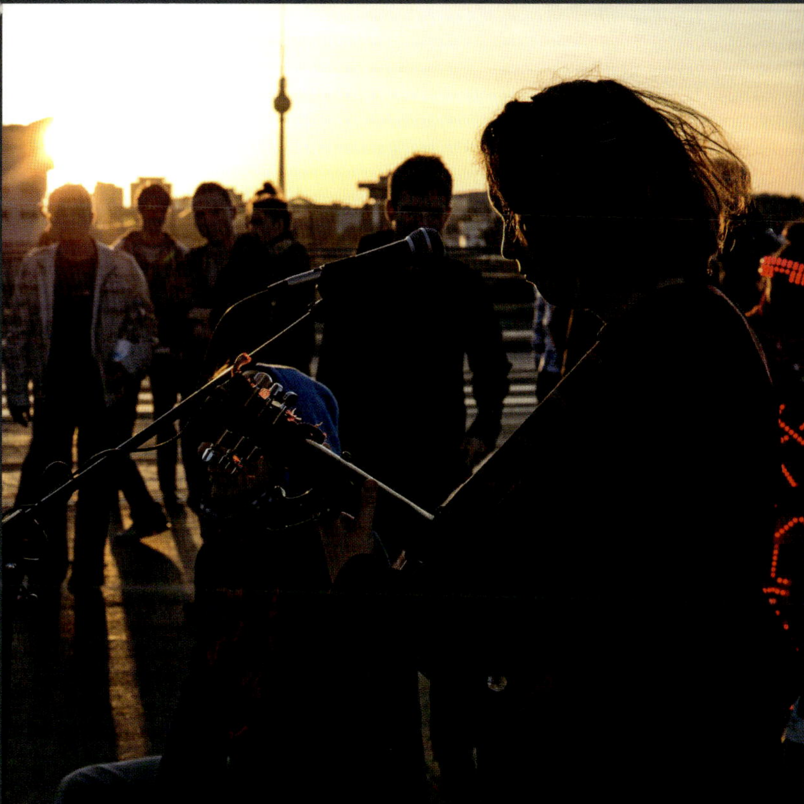

Fast täglich stehen hier Straßenmusiker. Perfekt für stimmungsvolle Fotos vor dem Sonnenuntergang.

ISO 400 / 50 mm / f4 / 1/50 s

Sowjetisches Ehrenmal im Treptower Park

Thema: Architektur/Landschaft
Adresse: Puschkinallee, 12435 Berlin
Anreise: S-Bahn Treptower Park, von dort ca. 10 Minuten zu Fuß

Über den Ort

Das Sowjetische Ehrenmal im Treptower Park ist eine riesige Gedenkstätte für die über 7000 der in der Schlacht um Berlin gefallenen Soldaten. Fotografisch ergeben sich spannende Linien und Fluchtpunkte.

Umsetzung

1. Ich betone die Symmetrie und führe den Blick zum Fluchtpunkt – der Statue am Ende des Platzes.
2. Mithilfe einer kleinen Blende (ƒ13) erreiche ich maximale Tiefenschärfe und fokussiere auf die Mitte des Platzes.
3. In der Belichtung experimentiere ich mit einem Graufilter/ND-Filter. In Kombination mit kleiner Blende konnte ich 15 Sekunden belichten. So verschwinden alle bewegten Objekte und der Platz wirkt menschenleer.

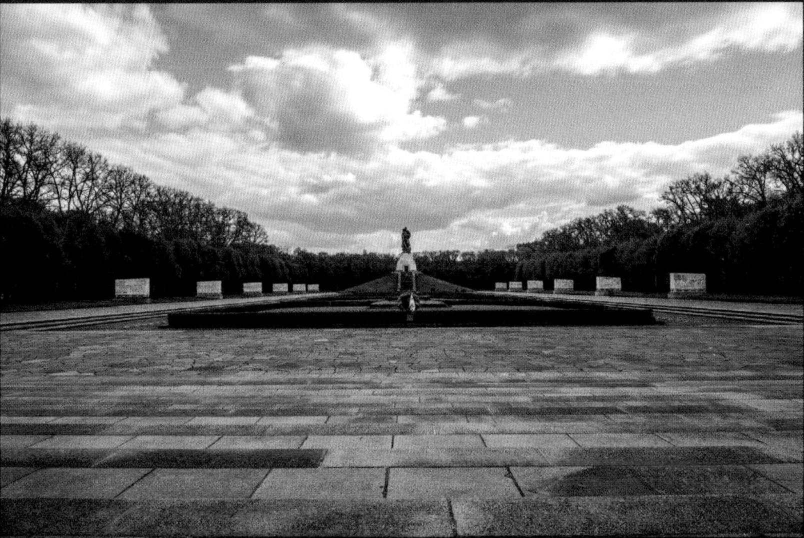

Das axialsymmetrisch gebaute Treptower Ehrenmal ist eines von drei sowjetischen Ehrenmalen in Berlin.

Stasi-Museum

Thema: Architektur
Adresse: Ruschestraße 103, Haus 1, 10365 Berlin
Anreise: U-Bahn Magdalenenstraße, von dort ca. 5 Minuten zu Fuß
Infos: www.stasimuseum.de

Über den Ort

Das ehemalige Gelände der Zentrale des Ministeriums für Staatssicherheit (MfS) wirkt bedrückend. Graue Betonklötze, lange Flure und ein prunkvoller Eingangsbereich geben Einblick in den Machtapparat des SED-Regimes. Die Dauerausstellung „Staatssicherheit in der SED-Diktatur" ist sehr sehenswert und hält auch fotografisch viele Details parat.

Umsetzung

1. Im Eingangsbereich zum Museum findest du eine eindrucksvolle Treppe. Versuche, diese maximal mittig zu platzieren. Das wirkt toll, denn der Betrachter folgt dem Blick hinauf.
2. Ich habe eine mittlere Blende (ƒ4) gewählt und einen Punkt auf mittlerer Entfernung fokussiert. Durch einen weiten Winkel (35 mm) habe ich das Treppenhaus perfekt auf das Foto bekommen. Achte auf die Positionierung des Anfangs des Geländers, denn da startet das Auge.
3. Bei solchen Innenaufnahmen solltest du auf das Licht achten. Hier ist das Ende des Treppenhauses der hellste Punkt und zieht das Auge an. Ich habe für ausreichendes Licht mit 1/50 s belichtet und den ISO-Wert minimal angehoben auf ISO 400.

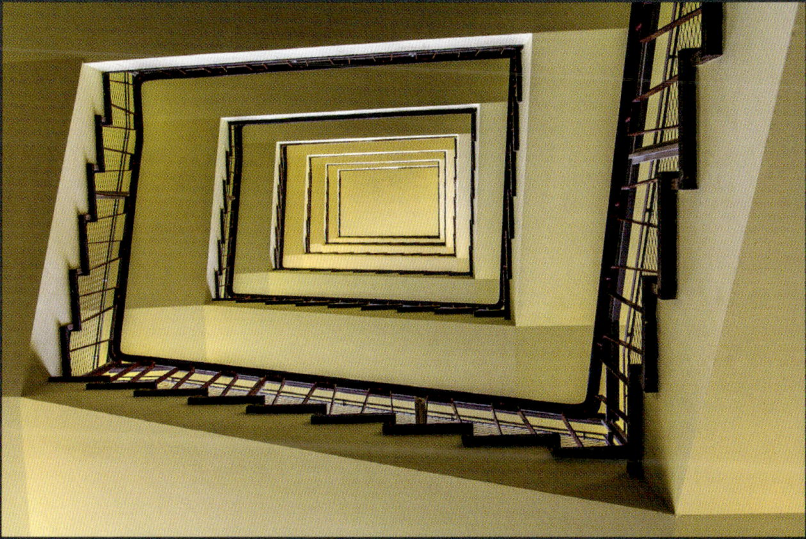

Licht und Schatten in den einzelnen Stockwerken
geben dem Treppenhaus zusätzliche Weite.

Kino International

Thema: Architektur/Langzeitbelichtung
Adresse: Karl-Marx-Allee 33, 10178 Berlin
Anreise: U-Bahn Schillingstraße

Über den Ort

Gegenüber dem Café Moskau liegt das Kino International. Die Fassade lässt die Erinnerungen an die alten Kinozeiten wach werden.

Umsetzung

1. Um die Ästhetik des Baus mit den beleuchteten Programmtafeln zu unterstreichen, habe ich ihn zur Blauen Stunde fotografiert.
2. Ich habe mich mit meinem Stativ auf der Verkehrsinsel in der Mitte der Straße platziert. Die stürzenden Linien habe ich in Kauf genommen.
3. Wählst du eine kleine Blende (hier: *f*22), kannst du trotz früher Dämmerung bereits eine längere Belichtungszeit (4 s) wählen. Die Neonbuchstaben und die Kinoanzeigen direkt über dem Eingang vermischen sich toll mit dem natürlichen Restlicht.

TIPP: STÜRZENDE LINIEN

Es ist gar nicht so leicht, Gebäude zu fotografieren. Es ergibt sich der Effekt, dass die Hauskanten, die eigentlich parallel laufen, nach oben hin zusammenlaufen. Dieses Phänomen nennt man „stürzende Linien". Mit ein wenig Aufwand lassen sich diese stürzenden Linien allerdings in einem Bildbearbeitungsprogramm korrigieren.

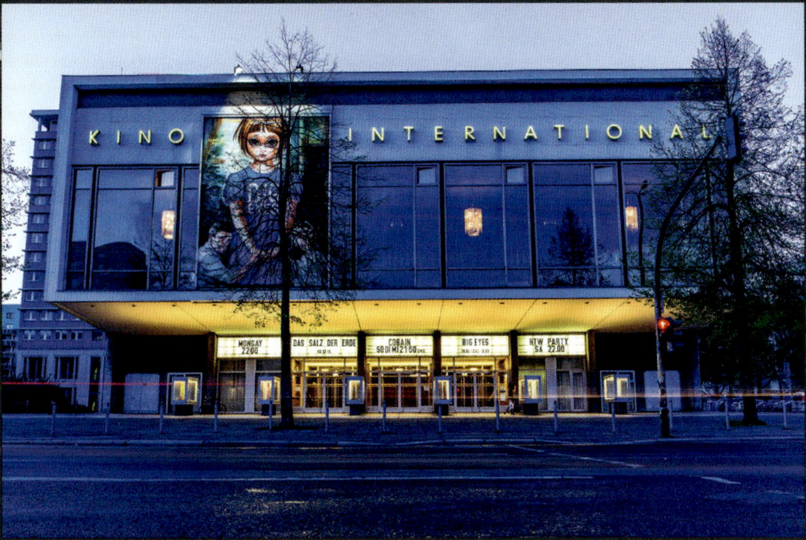

Beleuchtete Bauwerke wirken zur Blauen Stunde noch eindrucksvoller.

ISO 100 / 33 mm / f22 / 4 s

Kolonnadenhof

Thema: Architektur
Adresse: Bodestraße 1–3, 10178 Berlin
Anreise: S-Bahn Hackescher Markt, von dort 5 Minuten zu Fuß

Über den Ort

Der Kolonnadenhof liefert dir tolle Motive für das Spiel mit Perspektiven. Die Säulengänge vor dem Eingang der Alten Nationalgalerie liegen auf der Museumsinsel.

Umsetzung

1. Die Säulengänge beeindrucken durch ihre Symmetrie. Suche nach Linien und Fluchtpunkten.
2. Verstärke die Perspektive durch den niedrigen Blickwinkel. Warte auf Passanten, sie unterbrechen die Symmetrie der Säulen.
3. Durch die Wahl einer Offenblende (ƒ1.8) lege ich den Fokus vollständig auf die Person. Im Vordergrund und Hintergrund liegt extreme Unschärfe.

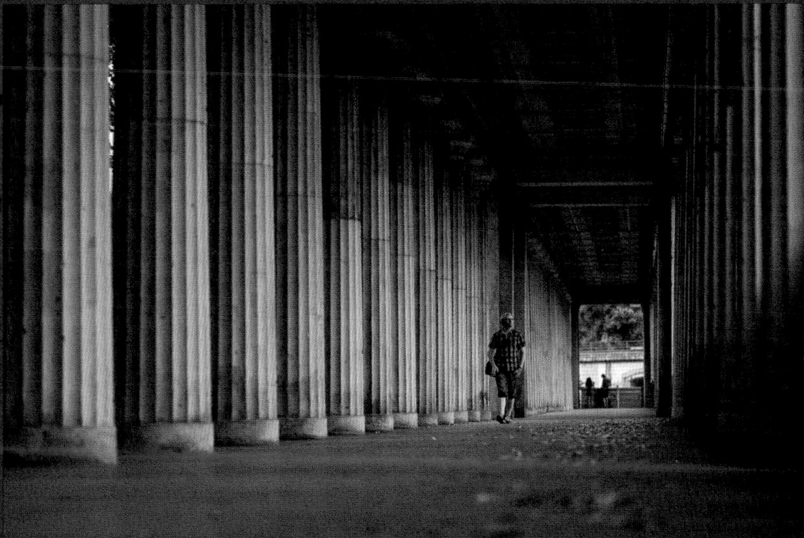

Eine Person schlendert durch die Kolonnaden und unterbricht die Symmetrie des Bildes.

ISO 160 / 85 mm / ƒ1.8 / 1/320 s

Parkdeck der Neukölln Arcaden

Thema: Langzeitfotografie/Sonnenuntergang
Adresse: Karl-Marx-Straße 66, 12043 Berlin
Anreise: U-Rathaus Neukölln
Infos: www.neukoelln-arcaden.de

Über den Ort

Eigentlich vermutet man bei einem Einkaufszentrum keinen Fotospot. Doch sind die Neukölln Arcaden (beziehungsweise der Blick vom Parkdeck) ein super Ort für Panoramafotos und Langzeitbelichtung am Abend.

Umsetzung

1. Das Parkdeck liegt nur wenige Meter über den Hausdächern Neuköllns. So sind viele Details in den Häusern sichtbar und trotzdem reicht der Blick bis hin zum Fernsehturm.
2. Je nach Tageszeit ändert sich die Lichtstimmung extrem. Stativ nicht vergessen, wenn du abends fotografieren willst.
3. Mit kleiner Blende (*f*11) und einem Weitwinkel (25 mm) erzielst du eine optimale Tiefenschärfe mit Blick bis hin zum Fernsehturm.

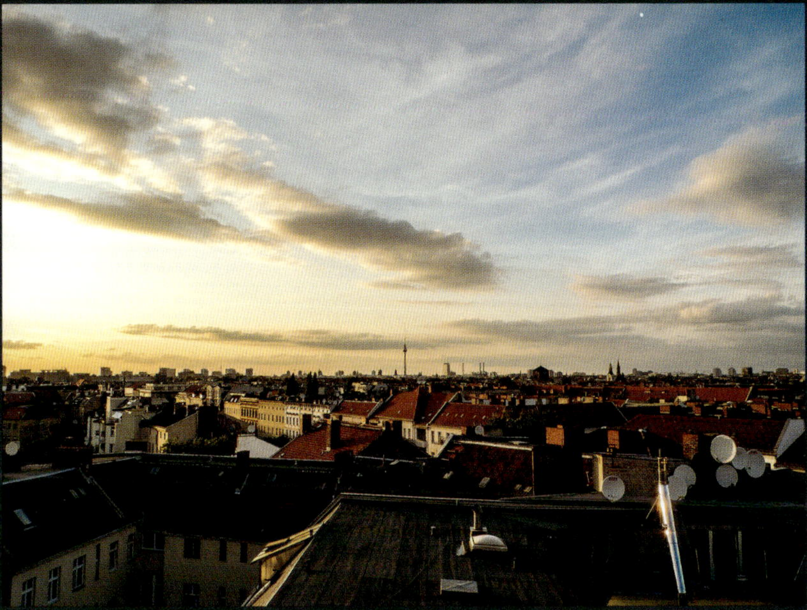

In der obersten Etage der Neukölln Arcaden wirst du mit einem tollen Panoramablick über die Dächer Berlins belohnt.

ISO 100 / 25 mm / ƒ11 / 1/50 s

Kottbusser Tor

Thema: Street/Architektur
Adresse: Adalbertstraße 1, 10999 Berlin
Anreise: U-Bahnhof Kottbusser Tor

Über den Ort

Der „Kotti" ist laut, dreckig und lebendig. Hier befinden sich die Bausünden der letzten Jahrzehnte, und er gilt als einer der Hauptumschlagplätze für harte Drogen. Die Menschen hier wollen nicht fotografiert werden. Aber oft ist das eine tolle Herausforderung in der Streetfotografie.

Umsetzung

1. Ein paar Schritte vom „Kotti" entfernt bildet diese Hauswand in der Adalbertstraße eine tolle Textur für spannende Streetfotografie.
2. Achte auf Linien und Blickrichtungen. Der Kontrast aus Kleidung, Blickrichtung und Laufrichtung gibt dem Foto das gewisse Etwas.
3. Auf der gegenüberliegenden Straßenseite stehend, habe ich eine sichere Verschlusszeit für Bewegung (1/640 s) und eine große Blende (ƒ1.8) gewählt.

TIPP: STREETFOTOGRAFIE

Verzichte auf auffälliges Fotoequipment und große Objektive. Pack dir lieber deine kleine Kamera ins Gepäck. Dann kannst du relativ unbeobachtet fotografieren.

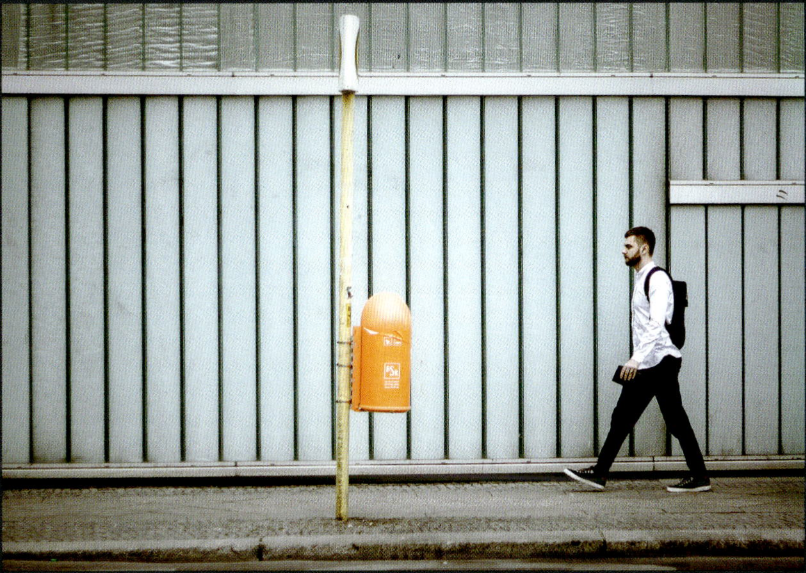

Es braucht etwas Geduld für den richtigen Moment.
Aber wenn er sich ergibt, dann sei vorbereitet.

ISO 200 / 50 mm / ƒ1.8 / 1/640 s

Technikmuseum

Thema: Architektur
Adresse: Trebbiner Str. 9, 10963 Berlin
Anreise: U-Bahn Gleisdreieck, von dort 5 Minuten zu Fuß

Über den Ort

Im Deutschen Technikmuseum finden sich unzählige Ausstellungsstücke – vom Bahnwaggon aus Kaiserzeiten bis zum alten Wrack eines Kaffeekahns.

Umsetzung

1. Über dem Eingang zum Museum thront ein „Rosinenbomber" vom Typ Douglas C-47 B Skytrain. Durch eine geschickte Perspektive wirkt es, als ob dieser über das Gebäude fliegt.
2. Die beste Tageszeit für ein Foto an dieser Location ist die Nacht. Denn dann wird das Flugzeug angestrahlt. Das ergibt tolle Effekte in deinem Foto.
3. Wähle eine sehr weitwinkelige Brennweite (27 mm), platziere die Kamera fast in Bodennähe und geh nah ans Gebäude heran.

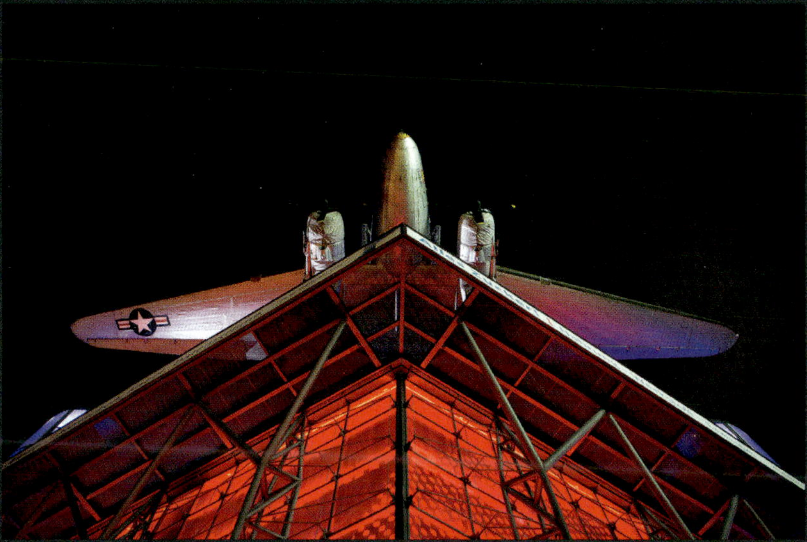

Der „Rosinenbomber" überfliegt das Museum.
Eine tolle optische Täuschung, wenn du nah genug rangehst.

ISO 250 / 27 mm / ƒ4 / 5 s

Märkisches Viertel

Thema: Landschaft/Panorama
Adresse: Senftenberger Ring 10, 13439 Berlin
Anreise: S-Bahn Berlin-Wittenau

Über den Ort

Bekannt wurde die Großwohnsiedlung Märkisches Viertel nicht zuletzt durch den Berliner Rapper Sido, der das Leben dort im Song „Mein Block" besingt. Im damaligen West-Berlin entstanden mit der Gropiusstadt (Neukölln) und dem Falkenhagener Feld (Spandau) zwei weitere Großwohnsiedlungen.

Umsetzung

1. Um die Dimension der Großwohnsiedlung zu betonen, habe ich mich auf den Aussichtspunkt im nahe gelegenen Freizeit- und Erholungspark Lübars (Alte Fasanerie, 13469 Berlin) begeben.
2. Wie in der Landschaftsfotografie üblich, habe ich eine mittlere bis kleine Blende (*f*13) gewählt.
3. In der Komposition habe ich die geometrischen Formen der Hochhäuser im unteren Drittel angeordnet. Bäume liefern eine leichte Farbgebung und Tiefe im Vordergrund. Doch den Hauptbildanteil nimmt der Himmel ein und gibt dem Foto Größe.

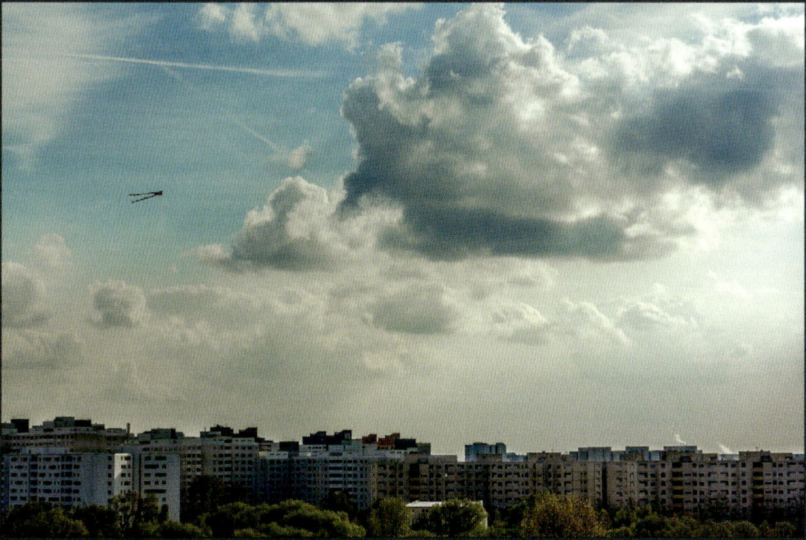

Von dem 85 Meter hohen Hügel im Erholungspark Lübars hat man einen weiten Blick auf das Viertel.

ISO 100 / 50 mm / ƒ13 / 1/500 s

Galeries Lafayette Berlin

Thema: Architektur/Langzeitbelichtung
Adresse: Friedrichstr. 76–78, 10117 Berlin
Anreise: S-Bahn Friedrichstraße, von dort 10 Minuten zu Fuß

Über den Ort

Die Galeries Lafayette, auch Quartier 207, ist ein luxuriöses Kaufhaus in der Berliner Friedrichstraße. Das Gebäude des französischen Architekten Jean Nouvel glänzt durch einen große Glasfront, die besonders abends zu einem tollen Fotomotiv wird.

Umsetzung

1. Willst du die Lichter sichtbar machen, fotografiere abends. Das Kaufhaus platziere ich mittig für die Fotosymmetrie.
2. Um eine große Schärfentiefe und schöne Sternenformen durch die Blendenlamellen in den Lichtern der Autos und Straßenlaternen zu erzielen, wähle eine kleine Blende (*f*22).
3. Ich wählte als Belichtungszeit 10 s. Achtung: Die Beleuchtung der Galerie ist so hell, dass es schnell zur Überbelichtung (Ausbrennen) heller Bildelemente kommt. Probiere je nach Restlicht mit der Verschlusszeit herum.

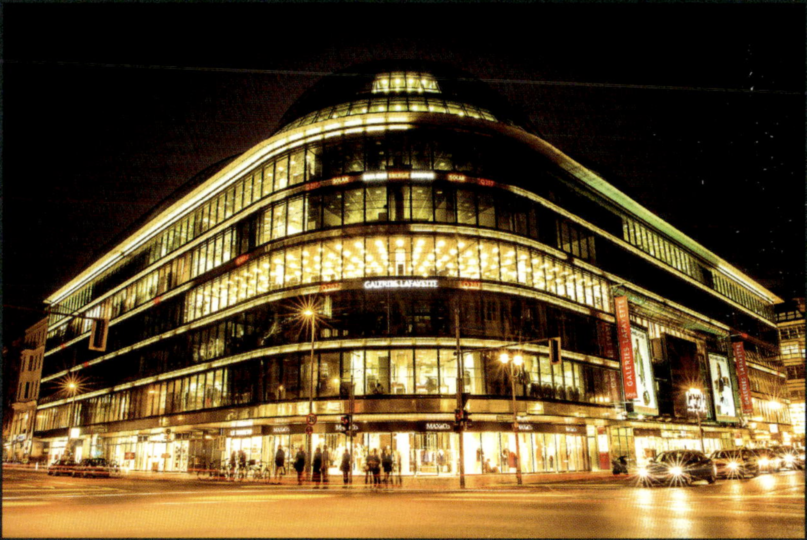

Wenn man direkt vor dem Kaufhaus steht, sieht die Galeries Lafayette ein wenig wie ein futuristischer Palast aus.

ISO 400 / 24 mm / f22 / 10 s

Landwehrkanal

Thema: Street/Landschaft
Adresse: Paul-Lincke-Ufer, 10999 Berlin
Anreise: U-Bahn Schönleinstraße

Über den Ort

Der Landwehrkanal führt durch die Ortsteile Kreuzberg, Neukölln, Tiergarten und Charlottenburg. Entlang des Kanals findest du viele Streetfotografie-Motive. Am Rande wird an die Ermordung von Rosa Luxemburg und Karl Liebknecht am 15. Januar 1919 erinnert.

Umsetzung

1. Ungewöhnliche Blickwinkel setzen Motive in ein neues Licht. Mir gefiel der Kontrast der Schwäne im dunklen Wasser – senkrecht von oben von der Brücke fotografiert.
2. In meiner Komposition habe ich mehrere Anläufe gestartet, bis mir die Anordnung der Tiere gefiel. Sie bilden eine schöne Reihe, fast wie eine Mehrfachbelichtung.
3. Ich wählte eine große Blende (f4) und fokussierte auf die weißen Vögel. So ergibt sich ein spannender Low-key-Effekt.

LOW KEY UND HIGH KEY

Bei der Low-key-Fotografie sind Schatten und dunkle Bildbereiche ausdrücklich gewollt. Die wenigen hellen Bildteile setzen den Akzent im Bild. Der Gegensatz dieser Technik ist die High-key-Fotografie. Hier überwiegen die weißen, hellen Bildbereiche.

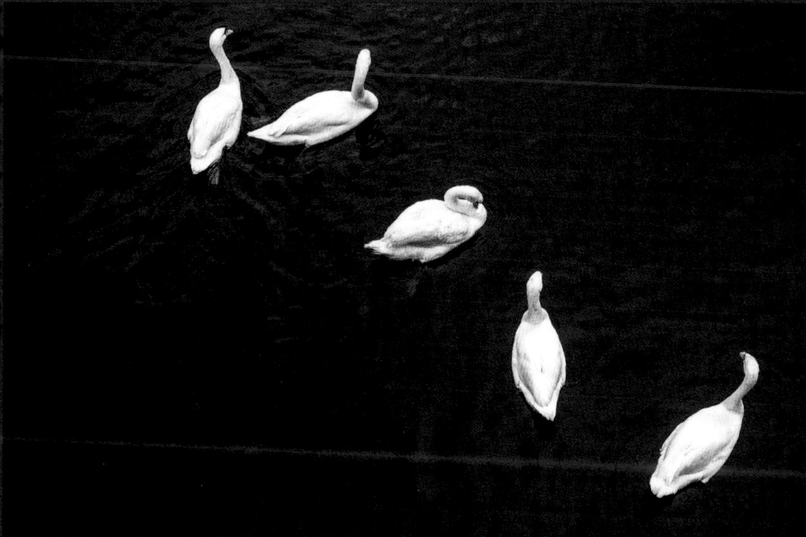

Eine ungewöhnliche Perspektive für Tierfotografie.
Doch macht genau das den Reiz des Motivs aus.

ISO 200 / 50 mm / f4 / 1/200 s

Kino Intimes

Thema: Urban Art/Street
Adresse: Boxhagener Straße 107, 10245 Berlin
Anreise: S-Bahn Warschauer Straße, von dort 10 Minuten zu Fuß

Über den Ort

Pornofilme gibt es im Kino Intimes nicht mehr. Dafür findest du eine heimelige Atmosphäre wie aus den 1970er-Jahren inklusive winzigem Kinosaal mit einem Kachelofen aus alten Zeiten. Aber besonders bekannt ist die Fassade mit unzähligen Graffiti.

Umsetzung

1. Eigentlich bin ich kein Fan von Street-Art-Fotos. Doch ist die Außenwand des Kinos sehr bekannt durch die vielen kleinen Street-Art-Motive.
2. Ich fotografierte die Hauswand mit weitem Winkel (24 mm) formatfüllend und nahm dem Foto jegliche Bezugspunkte zur Größe. Dadurch wirkt es wie ein Wimmel- oder Suchbild.
3. Für solche Fotos empfehle ich dir, die Kamera sehr gerade auf das Motiv zu richten. So erzielst du eine durchgängige Tiefenschärfe. Achte darauf, dass du keine Schatten im Bild hast.

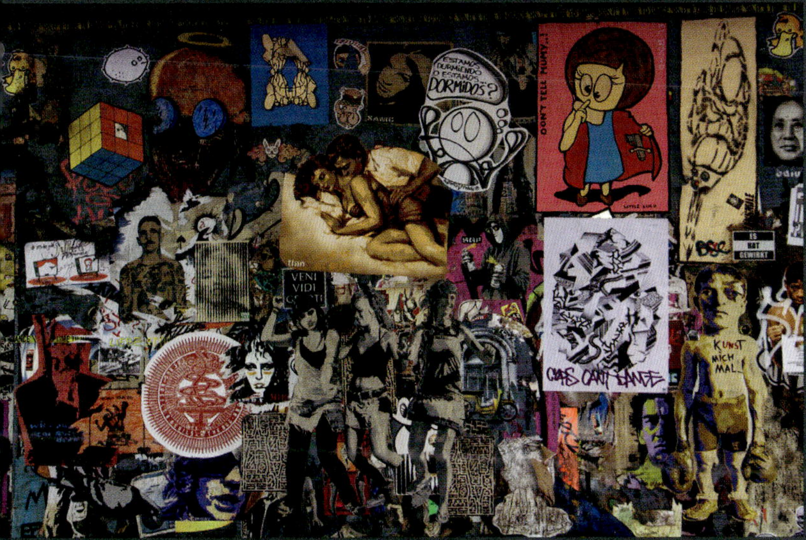

Ein Foto wie ein Wimmelbild – es gibt viel zu entdecken.

ISO 100 / 24 mm / f3.2 / 1/100 s

Axel-Springer-Haus

Thema: Architektur
Adresse: Axel-Springer-Straße 1, 10969 Berlin
Anreise: U-Bahn Kochstr./Checkpoint Charlie, von dort 10 Minuten zu Fuß

Über den Ort

Das Axel-Springer-Hochhaus ist ein Verlagsgebäude in Berlin und dominiert durch die ganzflächige Verglasung. Toll für Reflexion und Perspektivspiel.

Umsetzung

1. Ich mag es, wenn Himmel und Spiegelung miteinander harmonieren. Für mein Foto bin ich nah an das Gebäude rangegangen und habe die Kamera mit weitem Winkel (28 mm) gen Himmel gerichtet.
2. Mit mittlerer Blende (*f*10) und Fokussierung auf die Gebäudemitte erreichst du eine optimale Schärfentiefe.
3. Achte auf die Linien der Fassade, die den Blick in den Himmel lenken. Ohne Bezugspunkte zu anderen Gebäuden entstehen einige Mehrdeutigkeiten über die Größenverhältnisse.

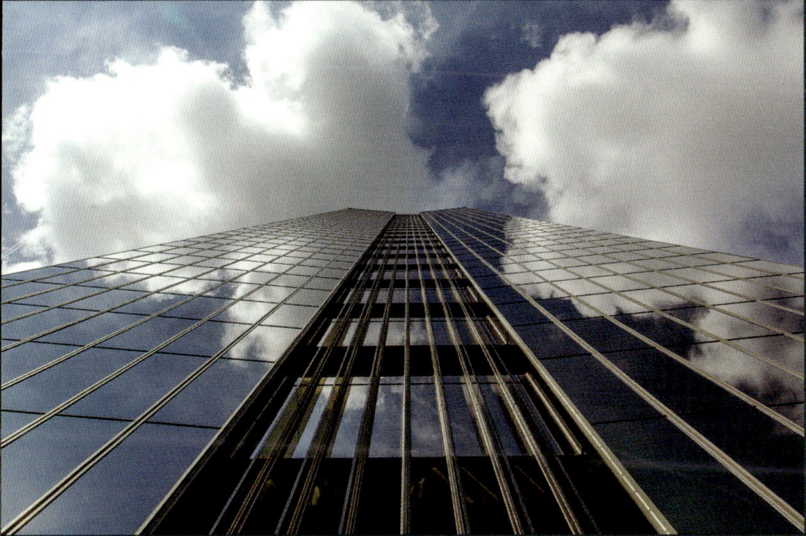

Du findest nur wenige Skyscraper abseits vom Potsdamer Platz.
Das macht dieses Hochhaus umso attraktiver als Fotospot.

Alte Tankstelle in Kreuzberg

Thema: Lost Place
Adresse: Muskauer Straße 37, Berlin (auf dem Hinterhof)
Anreise: U-Bahn Görlitzer Bahnhof, von dort 10 Minuten zu Fuß

Über den Ort

Das waren noch Zeiten, als der Liter Benzin 64 Pfennig gekostet hat. Die Tankstelle hatte ihre Blütezeit in den 1950er-Jahren. Seitdem steht sie vergessen wie ein Lost Place in einem Kreuzberger Hinterhof. Manchmal ist das Eingangstor zum Hinterhof verschlossen. Dann warte auf Bewohner und bitte höflich um Einlass.

Umsetzung

1. Die nostalgischen Zapfsäulen erinnern an vergangene Zeiten. Um das zu betonen, eliminiere alle störenden Elemente aus dem Foto und geh nah ran. Dazu habe ich einen sehr niedrigen Blickwinkel wie aus der Froschperspektive gewählt.
2. Suche nach kleinen Details an den Zapfsäulen wie die alten Preisanzeigen oder Zapfpistolen. Mittels großer Blende (ƒ2) setzte ich den Fokus auf das Wort „Benzin" und lenkte dadurch den Blick.
3. Durch ein weitwinkeliges Objektiv (35 mm) und die kurze Distanz ragt die Zapfsäule majestätisch in den Himmel.

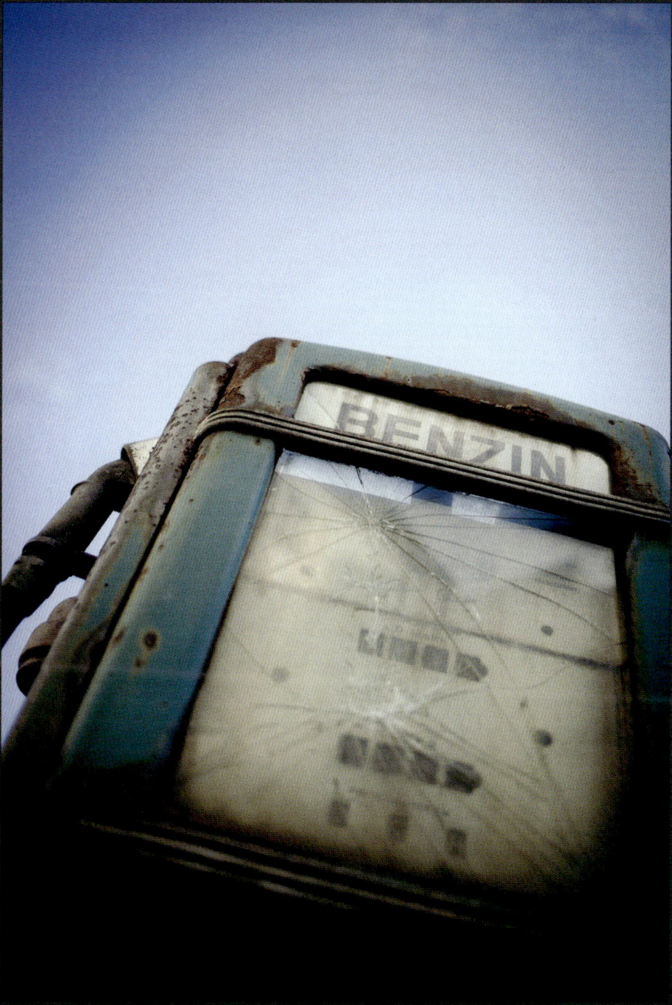

Aus der Froschperspektive kannst du störende Elemente aus einer Komposition verschwinden lassen.

ISO 100 / 35 mm / ƒ2 / 1/800 s

LP12 Mall of Berlin

Thema: Architektur
Adresse: Leipziger Platz 12, 10117 Berlin
Anreise: U-Bahn Stadtmitte oder Potsdamer Platz

Über den Ort

Die LP12 Mall of Berlin ist eine gigantisches Einkaufszentrum im Ortsteil Mitte. Vom Bau beeindruckt insbesondere die überdachte mehrstöckige Übergangshalle in der Mitte des Zentrums. Sie liefert dir fast futuristische Motive.

Umsetzung

1. Ich habe mich in der Mitte der oberen Übergangsbrücke platziert. So hatte ich einen optimalen Blick in die Tiefe der Halle. Wichtig war mir die symmetrische Ausbildung der Stockwerke und der Linien im Foto. Das lenkt den Blick in die Bildmitte.
2. Ich wählte eine mittlere Blende (ƒ4.5) und habe in der Belichtungsmessung auf den Innenraum belichtet.
3. Da viel Bewegung in der Menschenmenge war, entschied ich mich für eine Belichtungszeit von 1/60 s. Jedoch kann auch Bewegungsunschärfe in der Bewegung von Personen spannend wirken. Dafür benötigst du allerdings ein Stativ.

TIPP: SYMMETRIE ALS HARMONIE FÜRS AUGE

In der Architekturfotografie wähle ich gerne eine sehr symmetrische Bildgestaltung. Da ist es wichtig für die optimale Wirkung, die exakte Mitte zu finden. Das wirkt für den Betrachter sehr harmonisch.

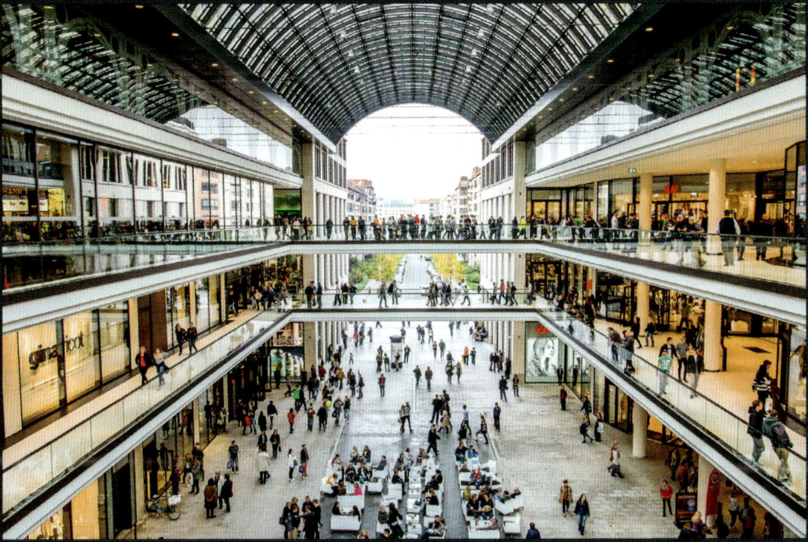

Ich mag das Gewusel der belebten Mall mit dem Charakter eines Wimmelsuchbildes.

ISO 200 / 28 mm / ƒ4.5 / 1/60 s

KaDeWe

Thema: Architektur
Adresse: Tauentzienstraße 21–24, 10789 Berlin
Anreise: U-Bahnhof Wittenberg Platz
Infos: www.kadewe.de

Über den Ort

Das Traditionskaufhaus KaDeWe glänzt durch prunkvolle Architektur und Größe. Insbesondere das Spiel mit Dimensionen und Tiefe dieses imposanten Baus macht Spaß.

Umsetzung

1. Mein Foto zeigt den Blick zwischen den Pfeilern beim Aufzugsschacht hinauf ins oberste Stockwerk.
2. Vernachlässige sämtliche Bezugspunkte für Dimension und Größe und konzentriere dich auf Formen und Schatten. Die Pfeiler wirken wie ein Rahmen für das Foto.
3. Eine große Blende (ƒ4) zieht den Blick auf die Bildmitte über die gesamte Höhe des Bauwerks.

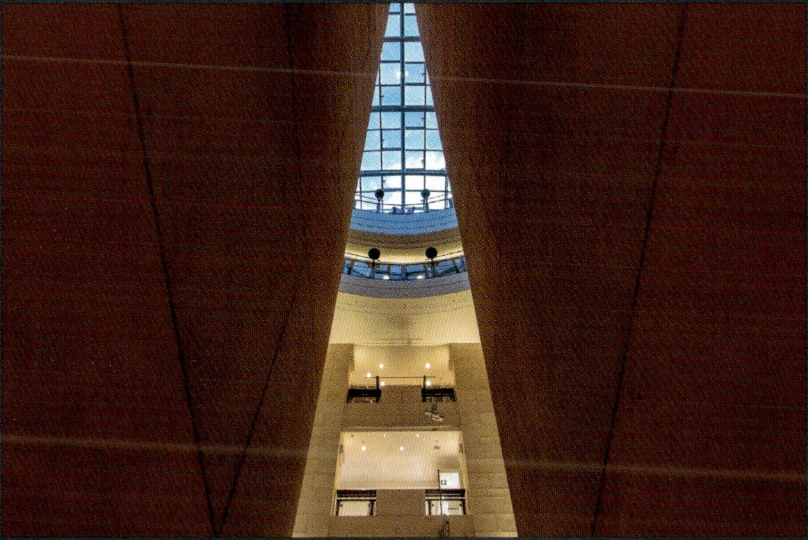

Ein Spiel mit Formen und Linien im legendären Kaufhaus des Westens.

ISO 800 / 18 mm / f4 / 1/80 s

Tempodrom

Thema: Architektur
Adresse: Möckernstraße 10, 10963 Berlin
Anreise: U-Bahn Möckernbrücke, von dort 5 Minuten zu Fuß

Über den Ort

Das Tempodrom ist angelehnt an die Form eines Zirkuszelts. Insbesondere am frühen Abend erheben sich die weißen Zeltbahnen eindrucksvoll vor dem blauen Himmel.

Umsetzung

1. Ich habe einen tiefen Blickwinkel auf die 37 Meter hohe Dachkonstruktion gewählt. Die kleine Blende (*f*11) ermöglicht eine durchgehende Tiefenschärfe.
2. Durch die Brennweite von 47 mm und das Hochformat eliminierte ich störende Elemente wie Bäume aus dem Foto und gestaltete es sehr minimalistisch.
3. In der Nachbearbeitung habe ich die Kontraste und Farbsättigung etwas reduziert. Das verstärkt die Wirkung des Zeltdaches.

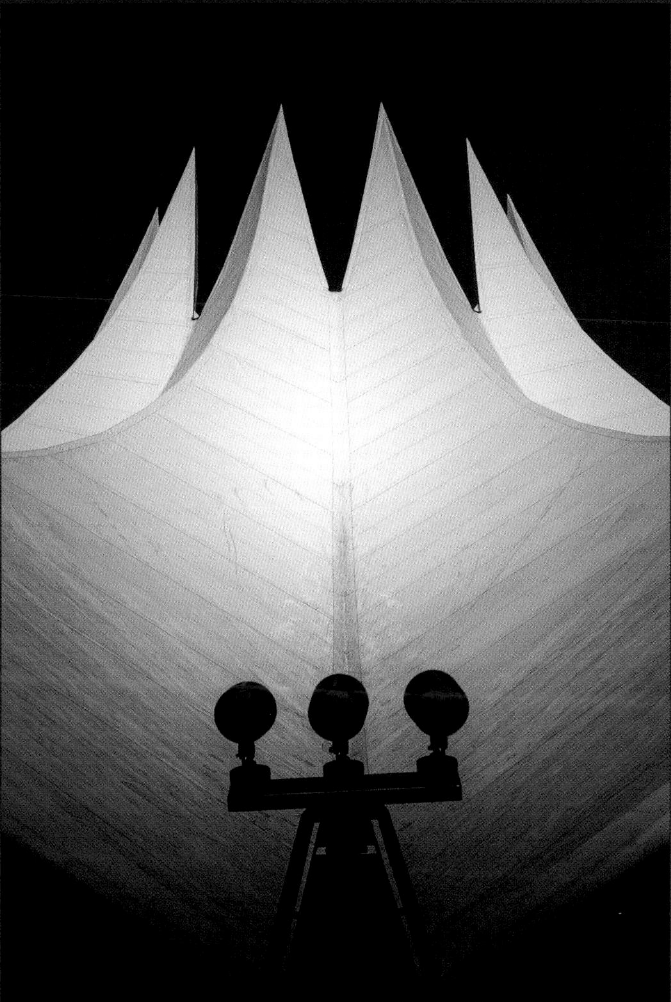

Wie ein weißes Schloss in der Nacht erhebt sich das Zeltdach in den Himmel.

ISO 125 / 47 mm / f11 / 1/250 s

Selbstmörderfriedhof

Thema: Landschaft/Makro/Reportage
Adresse: Havelchaussee 92, 14193 Berlin
Anreise: Bus 218 bis Schildhorn, von dort ca. 15 Minuten zu Fuß

Über den Ort

Unweit der Havel fanden hier angespülte Selbstmörder ihre letzte Ruhestätte. Berlin weigerte sich, die unchristlich zu Tode Gekommenen auf den öffentlichen Friedhöfen zu begraben. Diese Aufgabe lag beim Revierförster des Grunewalds.

Umsetzung

1. Für mein Foto habe ich einen niedrigen Blickpunkt gewählt. Der kleine Engel im Vordergrund verleiht der Aufnahme Struktur.
2. Konzentriere den Fokus durch die Wahl einer großen Blende (ƒ2) auf den Vordergrund.
3. Gleiche die dunklen Lichtverhältnisse über den ISO-Wert (ISO 400) und deine Belichtungszeit aus. Achte zudem auf den Einfall des Sonnenlichtes. In dem Foto fällt das (natürliche) Licht auf die kleine Steinfigur und hebt diese in Kombination mit großer Blende zusätzlich vom Hintergrund ab.

TIPP: NATÜRLICHES LICHT

Natürliches Licht hat großen Einfluss auf deine Bildkomposition. In der Fotografie wird das Licht, das nicht aus künstlichen Lichtquellen wie Blitz, Neonlicht oder Glühlampen kommt, als natürliches Licht bezeichnet. Achte darauf, dass dein Hauptmotiv im richtigen Licht steht. Variiere deine Aufnahmeperspektive und beobachte, wie das Licht und dein Motiv sich verändern.

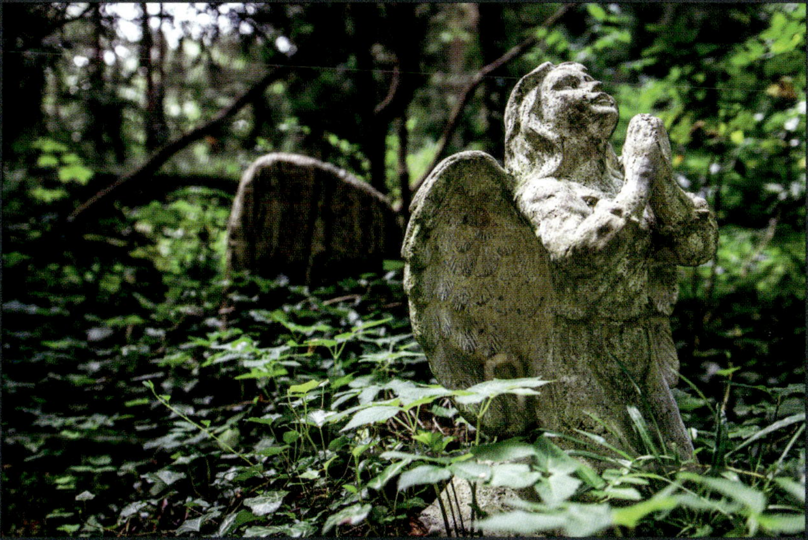

Auf Friedhöfen finden sich viele kleine Skulpturen und Andenken, die verwunschene Motive ergeben.

ISO 400 / 33 mm / f2 / 1/400 s

Spittelkolonnaden

Thema: Architektur
Adresse: Torgauer Str. 17, 10829 Berlin
Anreise: S-Bahnhof Schöneberg, von dort ca. 5 Minuten zu Fuß

Über den Ort

Etwas unerwartet steht das spätbarocke Schmuckbauwerk an der Leipziger Straße zwischen den großen Vorzeige-Plattenbauten des Ostens. Die Spittelkolonnaden laden dich ein zum Spiel mit Rahmen und Perspektive und liefern auch eine tolle Kulisse für Porträtfotos.

Umsetzung

1. Die Säulen im Vordergrund bilden einen Rahmen. Dieser öffnet damit den Blick auf das restliche Bauwerk.
2. Die mittlere Blende (f8) gibt Tiefenschärfe für alle Details des Baus. Achte auf die vertikale Ausrichtung deiner Kamera. Damit vermeidest du stürzende Linien, also das „Nachhintenkippen" des Gebäudes. Wenn deine Kamera über einen elektronischen Sucher oder Live-View verfügt, kann dir das Gitternetz in der Komposition helfen, das du wahlweise hinzuschalten kannst.
3. Variiere in Entfernung und Brennweite (Tele- und Weitwinkeleinstellungen) für die optimale Perspektive. Ich habe mit einer Brennweite von 35 mm fotografiert.

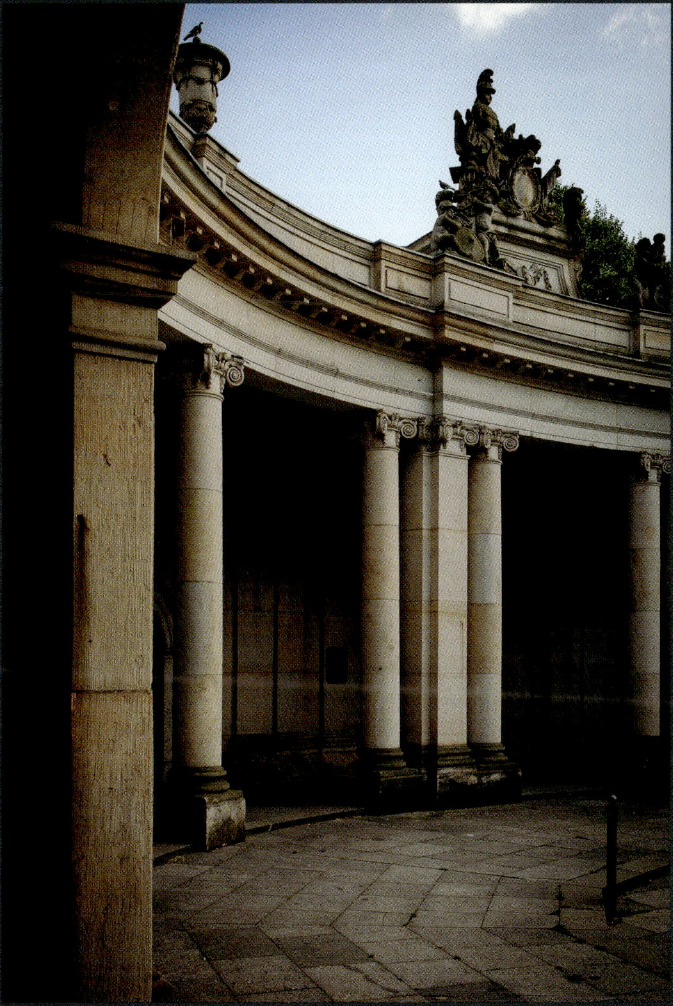

Ich musste etwas tüfteln, um die Plattenbauten aus dem Bild zu verbannen. Variiere dafür in der Brennweite.

ISO 100 / 35 mm / f8 / 1/125 s

Alte Nationalgalerie

Thema: Architektur
Adresse: Bodestraße 1–3, 10178 Berlin
Anreise: S-Bahn Hackescher Markt, von dort 10 Minuten zu Fuß
Infos: www.smb.museum

Über den Ort

Die zwischen 1867 und 1876 erbaute Alte Nationalgalerie gehört zum Ensemble der Museumsinsel, die von der UNESCO zum Weltkulturerbe erklärt wurde. In der Architektur erinnert das Gebäude mit den Halbsäulen an einen Tempel und durch das monumentale Treppenhaus an ein Schloss oder Theater

Umsetzung

1. Mein Foto ist zur Blauen Stunde entstanden. Der Bildaufbau ist sehr symmetrisch. Du benötigst Stativ und Fernauslöser.
2. Durch eine mittlere Blende (ƒ8) und die Fokussierung auf die Bildmitte erzielst du einen optimale Tiefenschärfe.
3. Deaktiviere nach dem Scharfstellen den Autofokus. Belichte mit einer Verschlusszeit zwischen 10–20 Sekunden, je nach Restlicht.

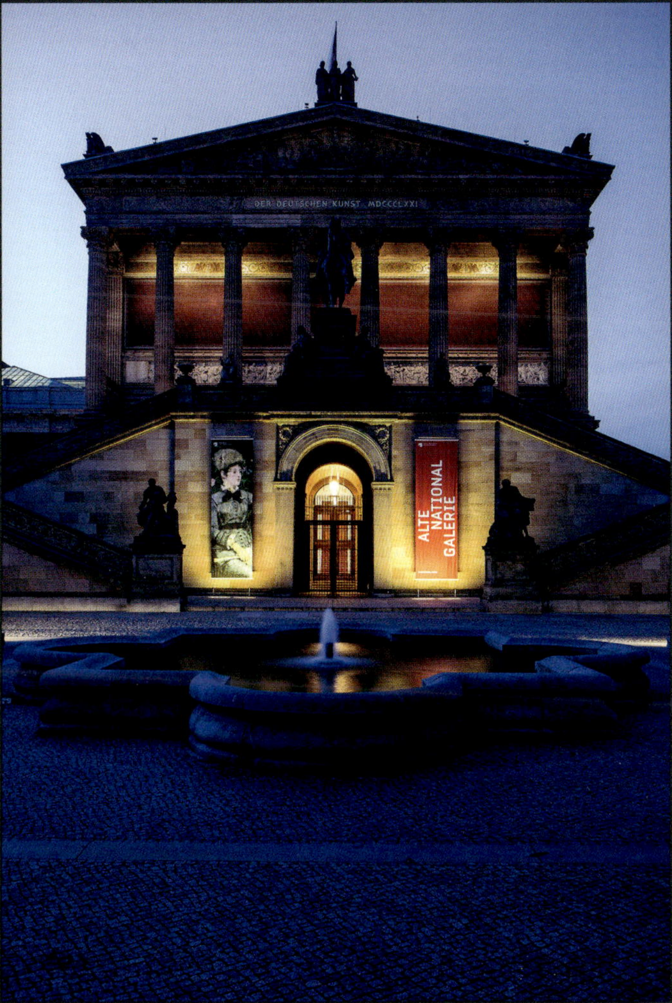

Der alte Bau aus Säulen und Treppenaufgang wirkt zur Blauen Stunde besonders harmonisch.

Kaiser-Wilhelm-Gedächtniskirche

Thema: Street/Architektur
Adresse: Breitscheidplatz, 10789 Berlin
Anreise: U-Bahn Wittenbergplatz, von dort 5 Minuten zu Fuß

Über den Ort

Die Gedächtniskirche gilt als eines der Wahrzeichen des alten West-Berlin. Es gibt viele Details zu entdecken, daher empfehle ich ein Zoomobjektiv. Spannend finde ich insbesondere die Fenster in der neuen Kirche. Mein Motiv ist jedoch direkt gegenüber der Kirche entstanden.

Umsetzung

1. Pfützen erzeugen spannende, halbtransparente Bilder, welche die Struktur der Straße durch die Pfütze hinweg erahnen lassen.
2. Verstärke bei Bedarf den Kontrast durch eine leichte Unterbelichtung des Fotos (–1). Durch eine große Blende (ƒ4) liegt der Fokus klar auf dem Spiegelbild der Kirche.
3. Versuche einen niedrigen Blickwinkel und eine eher weitwinkelige Einstellung (28 mm), um so ein imposantes Gebäude wie die Kirche sowie Schuhe von Passanten aufs Foto zu bekommen. Das macht das Bild spannend.

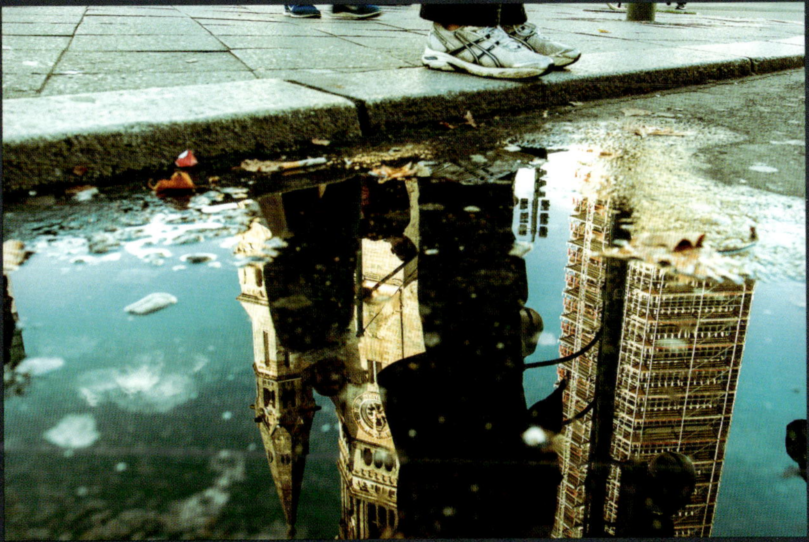

Ein Schnappschuss unweit der Kaiser-Wilhelm-Gedächtniskirche. Sollte keine Pfütze vorhanden sein, experimentiere mit Autoscheiben, Rückspiegeln und Ähnlichem.

ISO 100 / 28 mm / ƒ4 / 1/50 s

Liebermann-Villa am Wannsee

Thema: Architektur/Landschaft
Adresse: Colomierstraße 3, 14109 Berlin
Anreise: S-Bahn Wannsee und Bus 114 bis Liebermann-Villa
Infos: www.liebermann-villa.de

Über den Ort

Die Liebermann-Villa liegt direkt am Wannsee und ist die ehemalige Sommervilla des Malers Max Liebermann. In der Villa entstanden rund 200 Gartenbilder, von denen einige im Obergeschoss ausgestellt sind.

Umsetzung

1. Bei geometrisch angelegten Gärten finde ich es spannend, Ausschau nach Formen und Sichtachsen zu halten. Die begrenzenden Hecken führen den Blick direkt hin zur Villa.
2. Ich habe mir eine kleine Nische in der Hecke des an die Straße grenzenden Gartenzauns gesucht. Diese fungiert als Rahmen für das Motiv.
3. Wähle eine mittlere Blende (ƒ8) und suche dir einen Fokuspunkt auf halbem Weg zum Haus. Achte für ein kontrastreiches Foto auf ein Gleichgewicht zwischen hellen und dunklen Bereichen des Gartens.

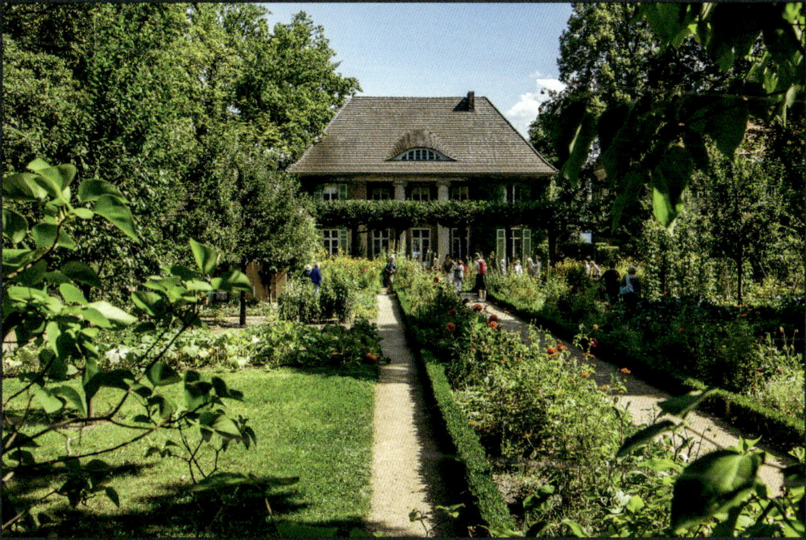

Eine Hommage an eines der bekanntesten Liebermann-Gemälde, welches den Garten der Villa sowie das im Hintergrund liegende Herrenhaus zeigt.

ISO 100 / 35 mm / f8 / 1/250 s

Indischer Brunnen am Engelbecken

Thema: Architektur/Makro
Adresse: Luisenstädtischer Kanal, 10117 Berlin
Anreise: U-Bahn Görlitzer Park, von dort 10 Minuten zu Fuß

Über den Ort

1993 hat man bei Ausgrabungen die alte Brunnenschale des Indischen Brunnens gefunden. Wenngleich die Brunnenfigur leider verschollen blieb, hat man in enger Anlehnung an das historische Vorbild die außergewöhnliche Brunnenanlage unter Verwendung der Originalfundstücke rekonstruiert.

Umsetzung

1. In meinem Foto fokussiere ich mich auf die kleinen, dicht aneinander gereiht sitzenden Frauengestalten mit Löwenkopf.
2. Platziere deine Kamera auf einem Stativ. Durch eine längere Belichtung (1/8 s) beginnt das Wasser seidig zu schimmern.
3. Wenn du ein Stativ hast, spiele auch mit der Belichtungszeit, um so das fließende Wasser einmal „einzufrieren" (Belichtungszeit 1/250 s oder kürzer) oder milchig verschwimmen zu lassen (Belichtungszeit ab ½ s oder länger).

TIPP: WASSER IN BEWEGUNG

Wenn du Wasser in Bewegung fotografieren willst, solltest du Stativ und Graufilter dabei haben. Ein Graufilter verdunkelt dein Objektiv, sodass du länger belichten kannst. Durch die längeren Belichtungszeiten kommt es bei bewegten Objekten zu einer interessanten Bewegungsunschärfe. So sieht Wasser dann plötzlich aus wie Watte mit seidiger Oberfläche.

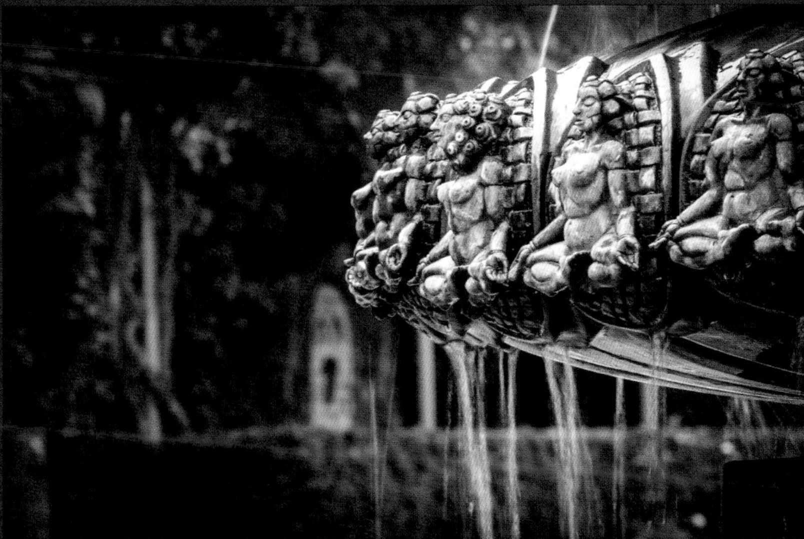

Es gibt viel zu entdecken rund ums Kreuzberger Engelbecken.
Es lohnt sich, auf die kleinen Details zu achten.

ISO 100 / 200 mm / f16 / 1/8 s

U-Bahnhof Warschauer Straße

Thema: Panorama/Sonnenuntergang
Adresse: Warschauer Brücke, 10243 Berlin
Anreise: U-Bahn Warschauer Straße

Über den Ort

Der U-Bahnhof Warschauer Straße ist der Endbahnhof und Umsteigebahnhof auf die S-Bahn. Vom Bahnsteig hast du eine beeindruckende Sicht hin zur bekannten Oberbaumbrücke und am frühen Abend zusätzlich die untergehende Sonne im Blick.

Umsetzung

1. Vom Bahnsteig aus hast du einen tollen Blick in Richtung Oberbaumbrücke. Gehe ganz zum Ende des Bahnsteigs. Die aus dem Bahnhof abfahrenden Züge nutzt du als Gestaltungsmittel für die Blickrichtung gen Brücke.
2. Die Sonne am frühen Abend verleiht deinem Foto ein echtes Wow-Motiv.
3. Durch Wahl einer mittleren Blende (*f*8) erhältst du eine gute Tiefenschärfe. Minimiere den Ausschnitt durch eine Brennweite von 50 mm und leite den Blick des Betrachters vom Zug in Fahrtrichtung hin zur Brücke.

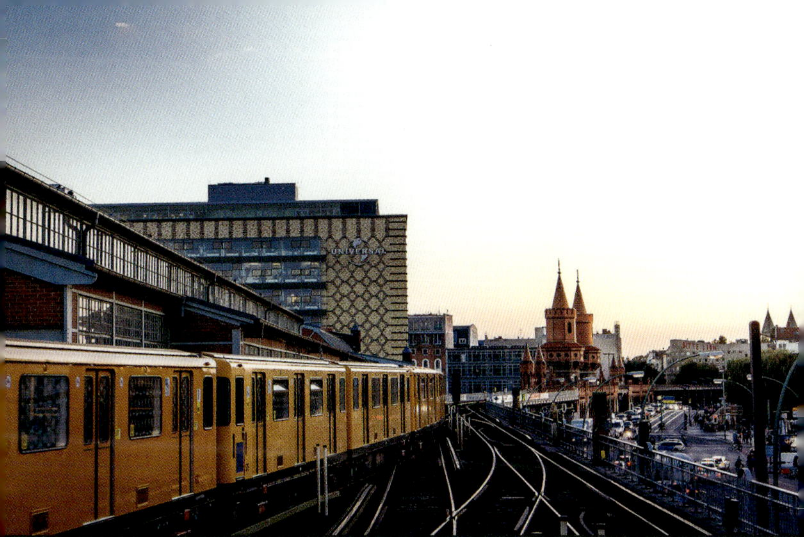

Ich habe gewartet, bis der Zug vom Gleis in Richtung der Oberbaumbrücke abfährt. Das erzeugt eine schöne Linie, die den Blick leitet.

Karpfenteich im Treptower Park

Thema: Landschaft
Adresse: Am Treptower Park 70, 12435 Berlin
Anreise: S-Bahn Treptower Park, von dort 10 Minuten zu Fuß

Über den Ort

Inmitten des Treptower Parks liegt der Karpfenteich. Ein kleines Gewässer, umgeben von Wald und teils sehr altem Baumbestand, der tolle Rahmen für deine Fotos liefert.

Umsetzung

1. Mein Foto ist an einem frühen Herbstmorgen entstanden. Ich habe mir eine Stelle gesucht, die umgeben von Bäumen den Blick auf den See liefert.
2. Die Spiegelung und die ruhige Wasseroberfläche liefern eine faszinierende Reflexion im Wasser. Zudem habe ich eine schnelle Belichtungszeit (1/320 s) gewählt, um keine Unschärfe auf dem Wasser zu haben.
3. Ich fokussiere mit großer Blende (ƒ3.5) auf die Bäume im Vordergrund. So sind Blätter und Struktur scharf, während im Hintergrund das Ufer in leichter Unschärfe liegt.

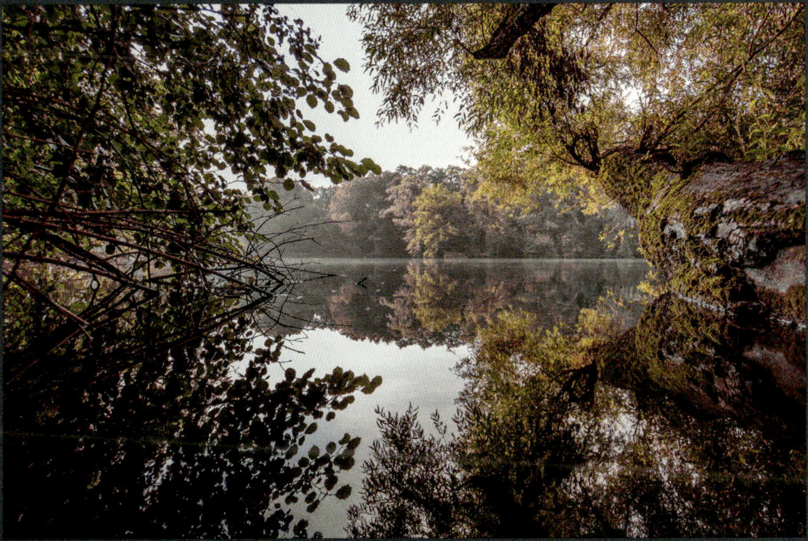

Besonders stehende Gewässer haben eine ruhige Wasseroberfläche für tolle Spiegelungen.

ISO 200 / 16 mm / f3.5 / 1/320 s

Carillon im Tiergarten

Thema: Architektur
Adresse: Große Querallee, 10557 Berlin
Anreise: U-Bahn Bundestag, von dort 10 Minuten zu Fuß

Über den Ort

Das Carillon in Berlin ist das viertgrößte Glockenspiel der Welt. Der Turm ist 42 Meter hoch und mit schwarzem Granit verkleidet.

Umsetzung

1. Ich habe mich im Mittelpunkt unter dem Turm platziert. Aus dieser Perspektive verliert der Betrachter jeglichen Bezugspunkt. Das kann bei Fotos moderner Architektur reizvoll sein.
2. Achte in der Komposition auf die Symmetrie der Pfeiler. Diese leiten den Blick. Gehe mit der Kamera weit auf den Boden oder in die Knie. Das verstärkt die Perspektive.
3. Wähle eine mittlere Blende (ƒ7.1) und fokussiere auf einen kontrastreichen Punkt auf halber Höhe des Turms, um die volle Tiefenschärfe zu erzielen.

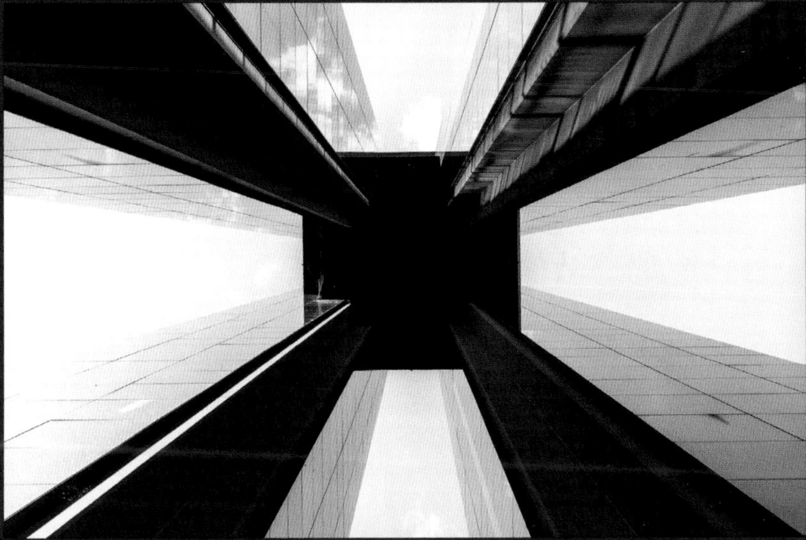

Bei diesem Bild kann dir die Hinzunahme der Gitterlinien im Live-View oder elektronischen Sucher bei der Ausrichtung helfen.

Verbotene Stadt Wünsdorf

Thema: Lost Place/Architektur/Reportage
Adresse: Hauptallee 116, 15806 Zossen
Anreise: RE-Bahn bis Wünsdorf-Waldstadt, von da ca. 15 Minuten zu Fuß bis Hauptallee 116 (Ortsausgang L74 von Wünsdorf nach Töpchin)
Infos: www.go2know.de

Über den Ort

Für DDR-Bürger war das Gelände eine „Verbotene Stadt". Zur Zeit des Kalten Krieges lebten hier bis zu 75000 sowjetische Männer, Frauen und Kinder. Die Anlage ist von Sicherheitsdiensten bewacht. Um dir Ärger zu ersparen, schaue bei Fototour-Anbietern wie go2know nach Fototrips über das Areal.

Umsetzung

1. Mein Foto zeigt den ehemaligen Theatersaal der Verbotenen Stadt. Ich habe einen Blickwinkel auf Höhe der letzten Stuhlreihen gewählt.
2. Wähle eine mittlere bis kleine Blende (f8) und fokussiere auf einen Punkt in der Mitte des Saals. Deaktiviere daraufhin den Autofokus.
3. Belichte per Fernauslöser (den brauchst du, weil die Lichtverhältnisse schwierig sind und schon das Auslösen der Kamera für Verwacklungen sorgen könnte) je nach Lichtverhältnissen zwischen 10–20 s. Halte für eine rauschfreie Aufnahme den ISO-Wert (100–400) niedrig.

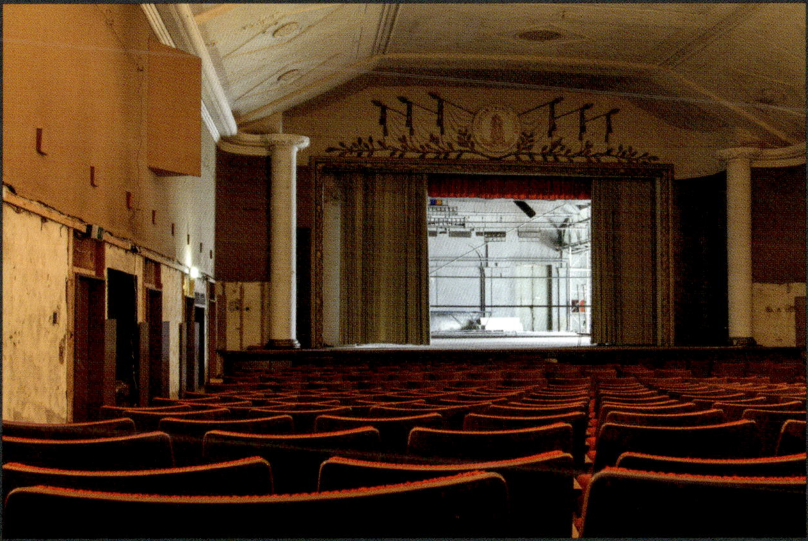

Aufgrund der schlechten Lichtverhältnisse empfehle ich dir ein Stativ, um die vielen dunklen Ecken zu fotografieren.

ISO 200 / 35 mm / f8 / 10 s

High-Deck-Siedlung

Thema: Architektur
Adresse: Leo-Slezak-Straße, 12057 Berlin
Anreise: S-Bahn Köllnische Heide, von dort 5 Minuten zu Fuß

Über den Ort

Die High-Deck-Siedlung in Neukölln, eine Großsiedlung mit rund 6 000 Bewohnern, entstand in den 1970er-Jahren im Rahmen des sozialen Wohnungsbaus. Die Siedlung setzte auf eine baulich-funktionale Trennung von Fußgängern und Autoverkehr. Genau das gibt eine skurrile Kulisse für spannende Architekturfotos.

Umsetzung

1. Monoton und trist, aber spannend, wenn man Formen und Linien mag. Es ist hier wichtig, sich auf die Fluchten und Perspektiven zu konzentrieren.
2. Wähle eine mittlere Blende (ƒ5.6) und einen leichten Tele/Zoom (70 mm). Fokussiere auf einen Punkt auf halber Entfernung. So erzielst du im Vordergrund eine leichte Unschärfe und ziehst den Betrachter in das Bild.
3. Wähle einen niedrigen Blickwinkel, um durch die Begrenzungen der Wege den Blick zu führen.

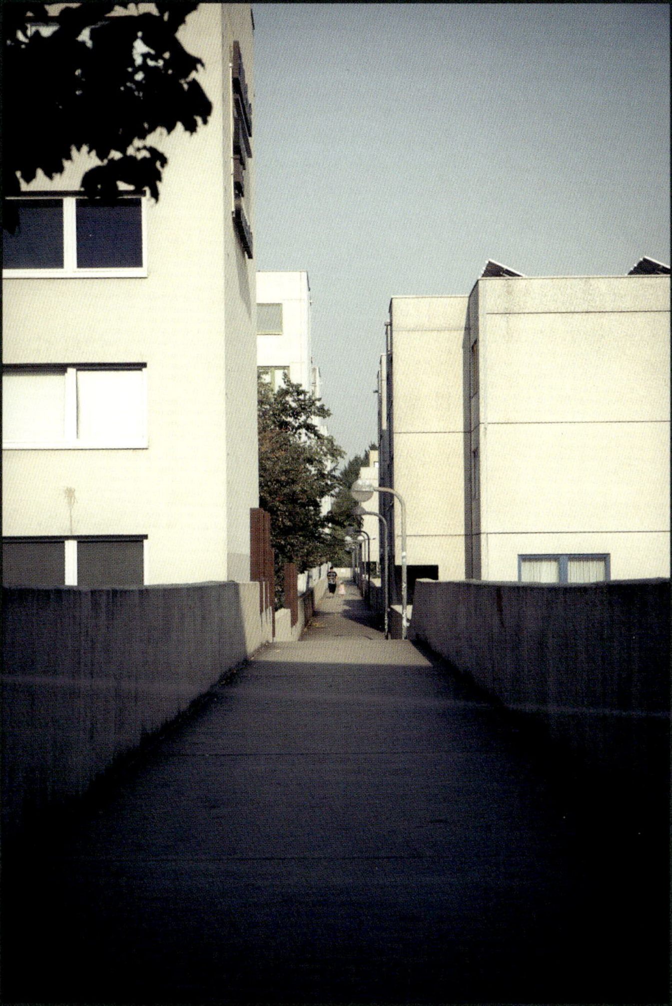

Nackter Sichtbeton, sich wiederholende Strukturen und die Linien geben den Fotos einen monotonen, tristen Charakter.

ISO 100 / 70 mm / ƒ5.6 / 1/320 s

Spätis in Berlin

Thema: Street/Architektur
Adresse: Jeder Stadtteil hat seine Spätis. Eine schöne Übersicht findest du auf www.spaetifinder.de.

Über den Ort

Jeder Berliner kennt seinen „Späti" um die Ecke. Nimm dir diese Orte des alltäglichen Lebens als Fotoaufgabe. Sie gehören zu Berlin dazu, wie der Fernsehturm oder der Zoo.

Umsetzung

1. Mein Foto zeigt den Späti in meiner Nachbarschaft. Eigentlich ist es ein Foto aus einer ganzen Fotoreihe der Spätis meiner Straße.
2. Ich habe mit Stativ mit 0,3 s belichtet. Je nach Größe der Ladenfront solltest du auch ein Weitwinkel dabei haben. Ich habe eine Brennweite von 33 mm gewählt.
3. Achte darauf, die Kamera möglichst gerade und vertikal zu dem Objekt zu halten und nicht in die Froschperspektive zu gehen. So vermeidest du stürzende Linien.

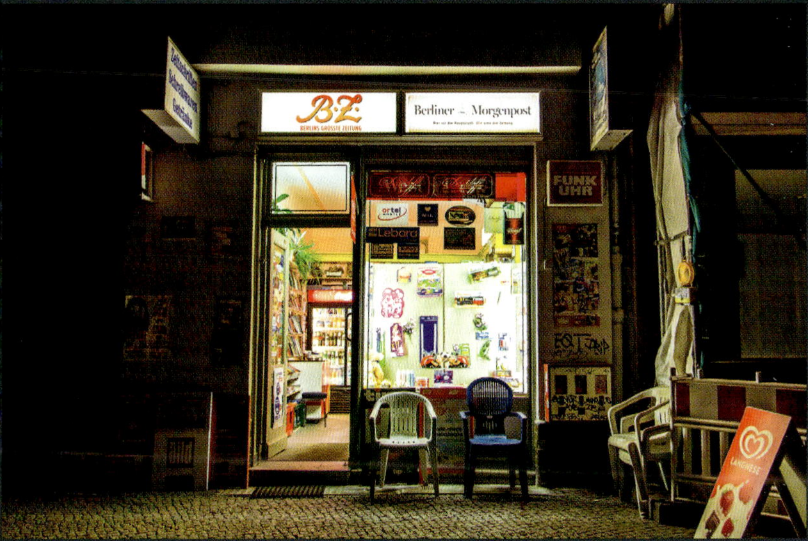

Auf ihre ganz eigene Weise gemütlich: die Spätis von Berlin.

ISO 100 / 33 mm / ƒ4 / 0,3 s

Plattenbaukomplex Leipziger Straße

Thema: Architektur
Adresse: Leipziger Straße (Berlin Mitte)
Anreise: U-Bahn Stadtmitte/Leipziger Straße, von dort 5 Minuten zu Fuß

Über den Ort

Der Komplex Leipziger Straße ist einer der großen Vorzeige-Plattenbaukomplexe der ehemaligen DDR. Weithin sichtbar, stehen diese mittlerweile sanierten Gebäude an der Leipziger Straße. Über Schönheit lässt sich streiten, doch sind sie architektonisch ohne Frage spannend.

Umsetzung

1. Für mein Foto habe ich den Bau formatfüllend mit einem Teleobjektiv und 100 mm Brennweite aufgenommen. Eine Reihe davorstehender Bäume lässt eine diagonale Linie erahnen.
2. Ich finde das Foto spannender, wenn du jegliches Drumherum wie Straße oder Himmel weglässt und dich auf den Ausschnitt fokussierst.
3. Ich habe eine mittlere Blende (ƒ6.4) gewählt. Für eine höhere Kontrastwirkung belichte je nach Tageszeit eine Blendenstufe (–1) niedriger.

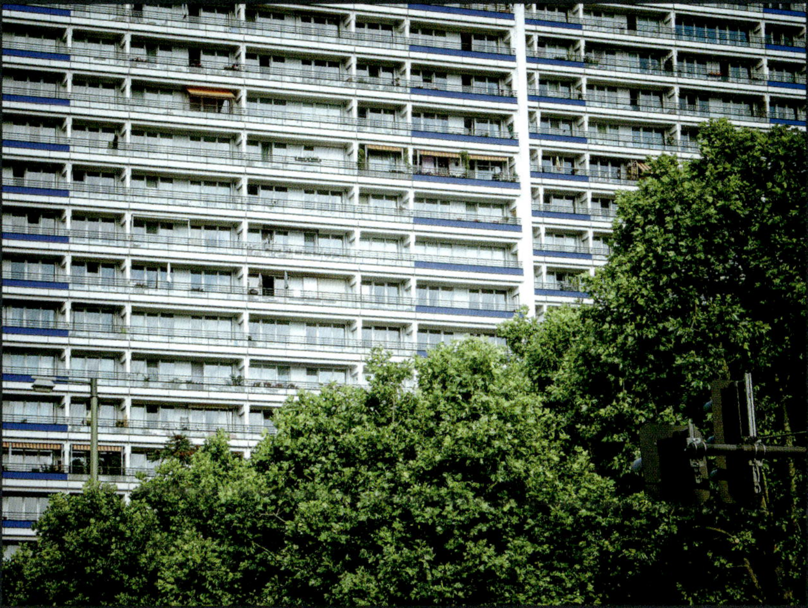

Stürzende Linien kannst du nachträglich in der Bildbearbeitung anpassen oder per Tele und langer Brennweite heranzoomen.

ISO 200 / 100 mm / ƒ6.4 / 1/850 s

Unterführung Messe Nord/ICC

Thema: Architektur
Adresse: Messedamm 22, 14055 Berlin
Anreise: S-Bahn 41/42 bis Messe Nord/ICC, Richtung Messegelände laufen und dann in die Unterführung

Über den Ort

Die Bahnhofsunterführung Messe/ICC fasziniert durch die Säulen und das knallige Orange der Kacheln. Es macht Spaß, mit Licht und Schatten zu spielen.

Umsetzung

1. In meinem Bild habe ich auf Passanten gewartet, um per Langzeitbelichtung einen gewissen Geistereffekt zu erzeugen. Dafür brauchst du ein Stativ und eine Belichtungszeit zwischen 0,25–1 s.
2. Fokussiere mit großer Blende für eine gute Tiefenschärfe auf die Säulen und deaktiviere anschließend den Autofokus.
3. Achte auf die Lampen und die Symmetrie. Ein Weitwinkel kann für diese Fotolocation hilfreich sein.

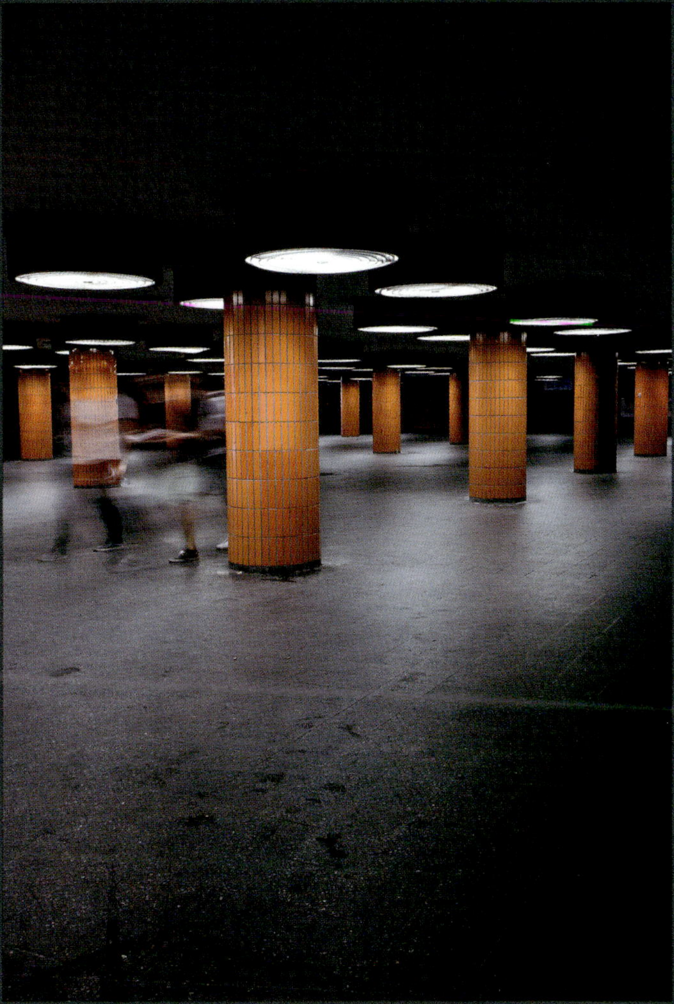

Ab Belichtungszeiten von 0,25 s verschwimmen die Passanten zu Geistern.

ISO 200 / 35 mm / f16 / 0,6 s

Paul-Löbe-Haus

Thema: Architektur
Adresse: Platz der Republik 1, 11011 Berlin
Anreise: U-Bahn Bundestag
Infos: www.bundestag.de/besuche/fuehrungen

Über den Ort

Unweit des Reichstagsgebäudes liegt das Paul-Löbe-Haus, benannt nach dem letzten demokratischen Reichstagspräsidenten der Weimarer Republik. Wie alle Gebäude im Regierungsviertel, sind Beton, Glas und Stahl eine echte Freude für Fans der Architekturfotografie.

Umsetzung

1. Ich bin nah an die Scheibe herangegangen und habe mit mittlerer bis kleiner Blende (ƒ10) senkrecht nach oben fotografiert. So ergibt sich eine spannende Symmetrie mit voller Tiefenschärfe.
2. Durch eine weitwinkelige Brennweite (16 mm) zeige ich die gesamte Dachkonstruktion.
3. Um den Kontrast zu verstärken, habe ich eine Blendenstufe niedriger belichtet (–1) und zudem das Foto in Schwarz-Weiß fotografiert.

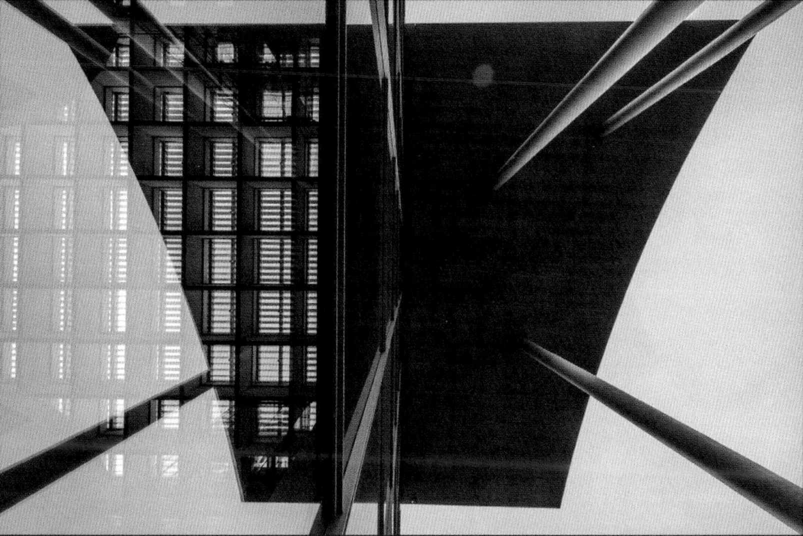

Die Reflexion der großen Panoramascheibe des Paul-Löbe-Hauses in anderer Perspektive als sonst.

Berliner Philharmonie

Thema: Architektur
Adresse: Herbert-von-Karajan-Straße 1, 10785 Berlin
Anreise: Potsdamer Platz, von dort 10 Minuten zu Fuß

Über den Ort

Ich hatte dem Bau nie wirkliche Aufmerksamkeit geschenkt, bis ich durch Zufall in einer Architekturzeitung ein Foto der Berliner Philharmonie zur Blauen Stunde gesehen habe. Ich war fasziniert von diesem schimmernden Gelb vor blauem Nachthimmel.

Umsetzung

1. Die Blaue Stunde liefert das perfekte Licht. Konzentriere dich auf einen Teil der Philharmonie. So fällt es dir leichter, auf Linien und geometrische Formen zu achten.
2. Halte den ISO-Wert niedrig, um das Bildrauschen zu minimieren, und gleiche das über eine längere Belichtungszeit (5–10 s) aus. Du benötigst dafür Stativ und Fernauslöser.
3. Deaktiviere nach dem Fokussieren den Autofokus und fotografiere per Selbstauslöser oder Kabelfernbedienung, um Erschütterungen durch das Auslösen mit der Hand zu vermeiden.

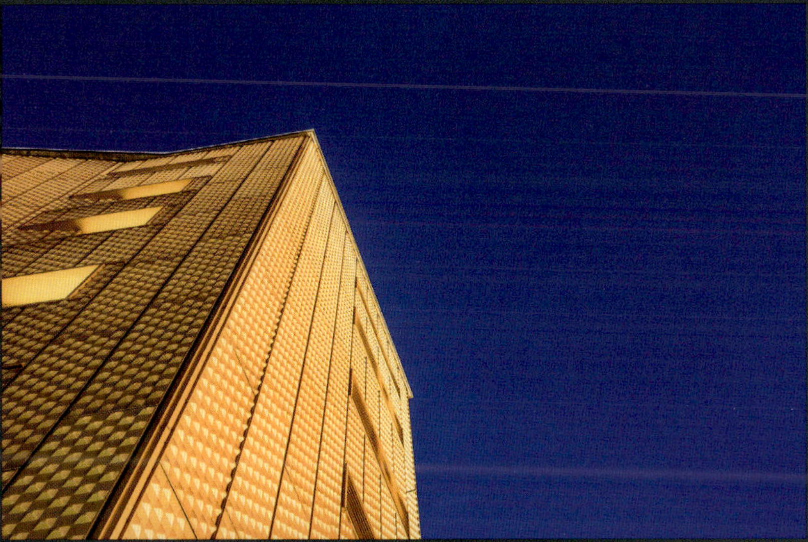

Immer wieder stelle ich mich der spannenden Herausforderung, Bildinhalte zu minimieren.

ISO 320 / 24 mm / ƒ5.6 / 4 s

Prinzessinnengarten

Thema: Landschaft/Makro
Adresse: Prinzenstraße 35 – 38, Berlin
Anreise: U-Bahn Moritzplatz
Infos: www.prinzessinnengarten.net

Über den Ort

Die Gebäude bestehen aus Containern, die Pflanzen befinden sich in Tetrapacks, alten Bäckerkisten und Reissäcken. Seit 2009 wird das ehemalige Brachland zwischen Prinzenstraße und Oranienstraße von Anwohnern als Nutzgarten für Urban Gardening genutzt.

Umsetzung

1. Die rechteckigen Formen und die Geometrie der Setzkästen bilden einen schönen Kontrast zu den Basilikumpflänzchen. Reduziert auf wenige Farben, ergibt sich ein schönes Muster.
2. Setze den Fokus mit großer Blende (ƒ3.5) auf die vorderste Pflanze und erziele so eine geringe Schärfentiefe. Damit bleibt Raum für die Fantasie der Weite des Beetes, die im Hintergrund sichtbar ist durch den weiten Winkel der 35-mm-Brennweite.
3. Je nach Tageszeit kannst du noch mit Gegenlicht experimentieren. Damit kommen Details von Blättern besser zur Geltung.

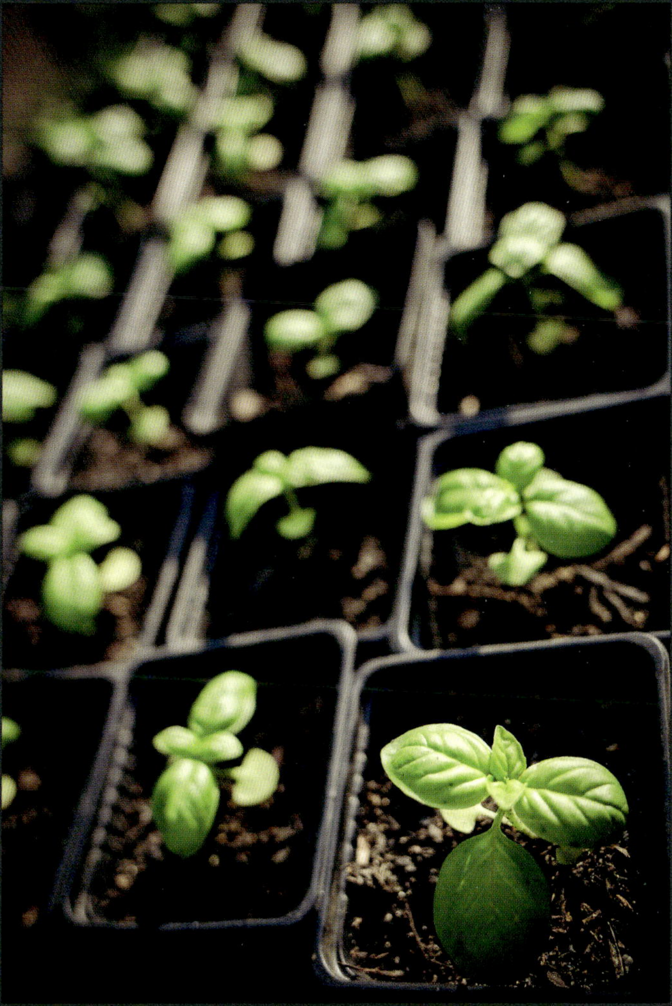

Ein perfekter Ort für die Entdeckungstour per Makroobjektiv.
Es blüht, schwirrt und surrt auf jedem Meter.

ISO 200 / 35 mm / ƒ3.5 / 1/1000 s

Naturkundemuseum

Thema: Architektur/Reportage
Adresse: Invalidenstraße 43, 10115 Berlin
Anreise: U-Bahn Naturkundemuseum
Infos: www.naturkundemuseum-berlin.de

Über den Ort

Das Berliner Naturkundemuseum ist mit über 30 Millionen Objekten das größte Naturkundemuseum Deutschlands. Das Fotografieren innerhalb des Museums ist erlaubt, allerdings ausschließlich für den privaten Gebrauch und ohne Stativ oder Blitzlicht.

Umsetzung

1. Ich habe eine niedrige Froschperspektive gewählt, um die Dimension der Nasssammlung zu zeigen.
2. Mit großer Blende (ƒ3.5) und einer weitwinkeligen Brennweite (16 mm) erzielst du einen tollen Effekt. Fokussiere dazu auf die Mitte des Hochregals und deaktiviere den Autofokus.
3. Um dem Motiv Leben zu geben, warte auf vorbeigehende Besucher und experimentiere mit verschiedenen Belichtungszeiten (1–2 s).

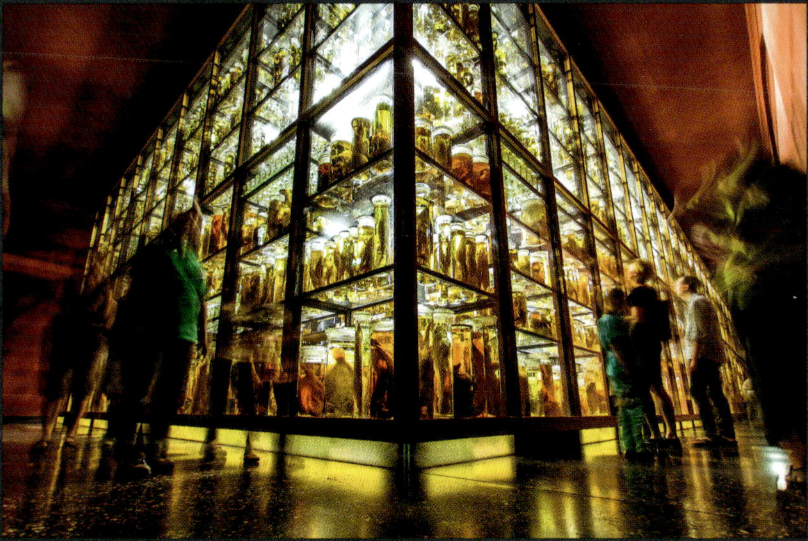

In der Nasssammlung sind Tausende von Tieren in Alkohol konserviert und in deckenhohen Regalen ausgestellt.
Für mich eines der faszinierendsten Motive des Museums.

ISO 100 / 16 mm / ƒ3.5 / 2 s

Friedhof Columbiadamm

Thema: Landschaft
Adresse: Columbiadamm 128, 10965 Berlin
Anreise: U-Bahn Boddinstraße, dann Bus 104 (Friedhöfe Columbiadamm)

Über den Ort

Er hatte schon einige Namen, beginnend mit Friedhof hinter der Hasenheide über Neuer Garnisonfriedhof, bis er in den 1970ern schließlich in Friedhof Columbiadamm umbenannt wurde. Wie auf allen Friedhöfen fasziniert auch hier die Suche nach kleinen versteckten Details.

Umsetzung

1. Friedhöfe bieten ein breites Spektrum an Licht und Schatten. Hier habe ich auf die vom Sonnenlicht angeleuchtete Grabstätte fokussiert und belichtet.
2. Gegenüber einem großen Familiengrab steht ein Auffangbecken für Regenwasser. Der tiefe Blickwinkel mit weitem Winkel (35 mm) verstärkt die perspektivische Wirkung. Achte auf deinen Kameragurt, wenn du so tief über dem Wasser bist.
3. Ich habe eine große Blende gewählt (ƒ2.5) und so den Fokus auf der Reflexion und der Grabstätte. Damit lenke ich die volle Aufmerksamkeit auf die Spiegelung, und der Rand des Regenbeckens verschwimmt in der Unschärfe.

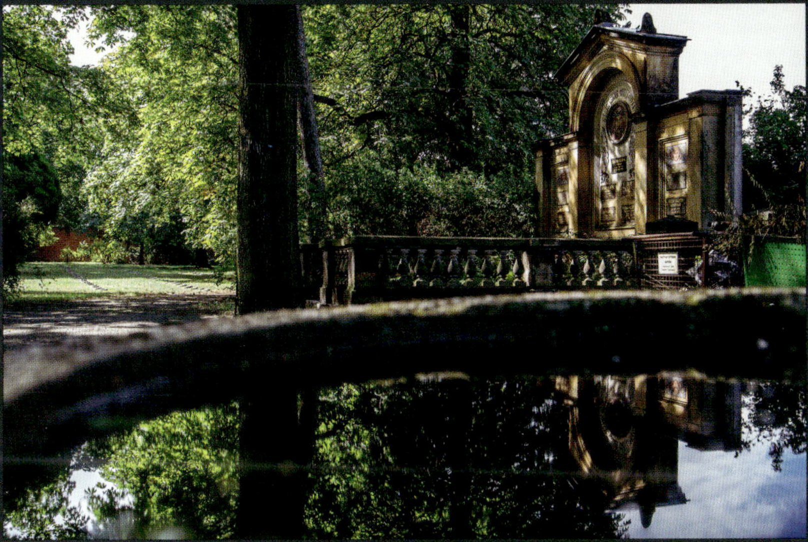

Manchmal ist Kreativität gefragt – Regenwasserbecken sind toll für Experimente mit Reflexion und Spiegelung.

ISO 100 / 35 mm / f2.5 / 1/200 s

Frankfurter Tor, Strausberger Platz

Thema: Architektur
Adresse: Frankfurter Tor, 10243 Berlin
Anreise: U-Bahn Frankfurter Tor

Über den Ort

Die als „Arbeiterpaläste" konzipierten Bauten vom Strausberger Platz bis über das Frankfurter Tor hinaus in die Frankfurter Allee sollten die Stärke und Ingenieurskunst der DDR repräsentieren.

Umsetzung

1. Für mein Foto habe ich einen tiefen Blickwinkel knapp über dem Asphalt gewählt. Mit großer Blende (*f*1.8) und der Unschärfe im Vordergrund wird der Blick direkt in die Bildmitte gelenkt.
2. Die weitwinkelige Brennweite (30 mm) verstärkt die Größe der imposanten Bauten und die Weite der ehemaligen Prachtstraße der DDR.
3. Am frühen Abend steht zwischen den Türmen am Frankfurter Tor die untergehende Sonne, und mit etwas Glück gibt es einen eindrucksvollen Himmel.

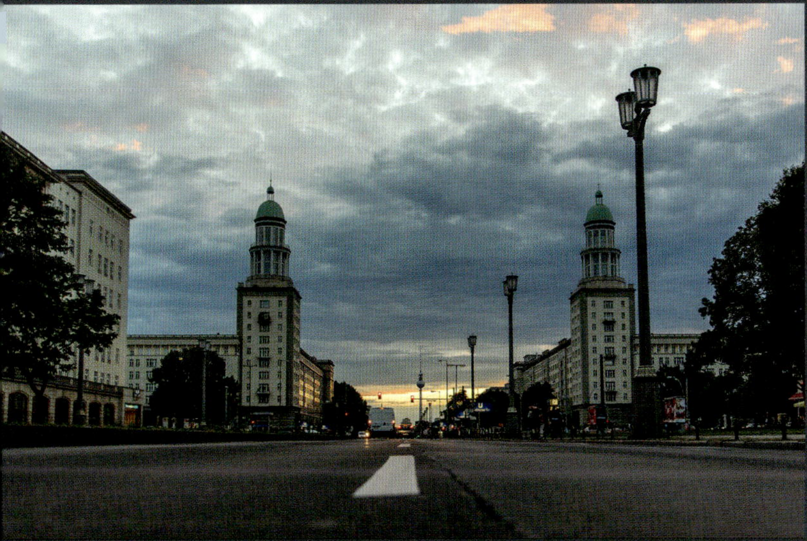

Bei solchen Perspektiven ist Vorsicht geboten.
Du befindest dich in der Mitte der Fahrbahn – behalte unbedingt die Ampelschaltungen und den Verkehr im Auge!

ISO 100 / 30 mm / f1.8 / 1/100 s

Streetfoodmarket Markthalle 9

Thema: Street
Adresse: Eisenbahnstraße 42/43, 10997 Berlin
Anreise: U-Bahn Schlesisches Tor
Infos: www.markthalleneun.de/street-food-thursday

Über den Ort

Immer donnerstags gibt es in der Eisenbahnstraße viel zu entdecken: Der Streetfoodmarket öffnet seine Tore. Streetfood meint kleine Buden, frisches Essen aus vielen Regionen und Ländern, Menschen und Gesichter und tolle Motive.

Umsetzung

1. Fotografiert habe ich mit einer 50-mm-Festbrennweite, um leichtes Gepäck und ausreichend Lichtstärke für die vielen Details zur Hand zu haben.
2. Ich empfehle, deine Kamera mit fester Verschlusszeit von minimal 1/100 s und großer bis mittlerer Blende (ca. *f*4) einsatzbereit zu halten.
3. Am besten schaltest du auf ISO-Automatik oder wählst einen passenden Wert für Innenräume (400–800). In meinem Fall bin ich sogar bis ISO 3200 hochgegangen, um die Situation einzufangen.

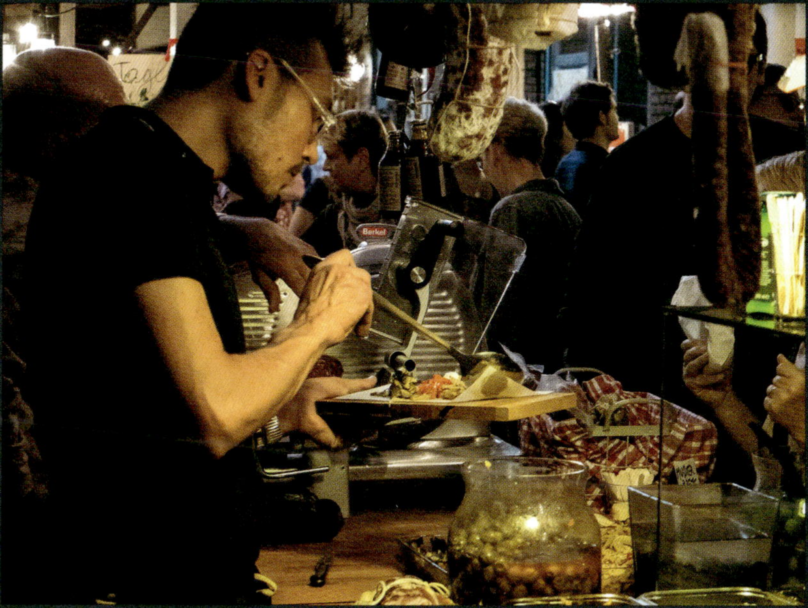

Jeder Zweite ist mit einem Fotoapparat unterwegs.
So hat niemand Scheu vor der Kamera.
Sollte sich doch jemand stören, hilft ein freundliches Lächeln.

ISO 3200 / 50 mm / f3.2 / 1/160 s

Mauerpark

Thema: Street/Landschaft/Sonnenuntergang
Adresse: Gleimstraße 55, 10437 Berlin
Anreise: U-Bahn Eberswalder Str., Bus 247 bis Gleimstraße

Über den Ort

Besonders am Wochenende erwacht der ehemalige Mauerstreifen zwischen Prenzlauer Berg und Wedding zum Leben. Bekannteste Spots sind die Schaukel auf dem Mauerparkberg, das Karaoke-Event am Sonntag oder der Flohmarkt. Aber Achtung: Nicht jeder hier im Park wird gerne fotografiert.

Umsetzung

1. Mein Foto zeigt die Bäume unweit der bekannten Schaukel im Mauerpark. Fotografiert gegen das Licht, ergeben sich tolle Lichtreflexe, welche durch die Lichtstrahlen im Objektiv entstehen, die mehrfach reflektiert werden.
2. Normalerweise wird versucht, die Reflexe durch eine Sonnenblende zu vermeiden, doch sie geben einem klassischen Sommermotiv das gewisse Etwas. Variiere hier mit dem Winkel zur Sonne für das optimale Ergebnis.
3. Ich fokussierte mit großer Blende (ƒ4) auf die Zweige im Vordergrund. So verschwimmt die entfernte Häuserreihe in schöner Unschärfe.

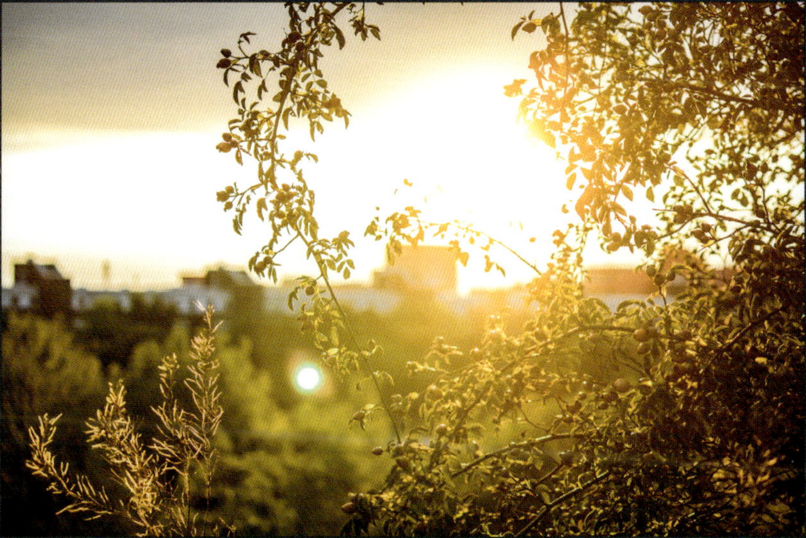

Im Sommer 1990 standen noch Wachttürme der Grenztruppen auf der Böschung, während die Wiese bereits von den Anwohnern bevölkert wurde.

ISO 400 / 60 mm / ƒ4 / 1/320 s

Spielbank Berlin

Thema: Langzeitbelichtung
Adresse: Marlene-Dietrich-Platz 1, 10785 Berlin
Anreise: S-Bahn Potsdamer Platz, von dort 5 Minuten zu Fuß

Über den Ort

Eigentlich ist die Spielbank unweit des Potsdamer Platzes fotografisch nicht wirklich interessant. Doch ist sie genau der richtige Ort für ein Experiment.

Umsetzung

1. In dieser Fotoidee geht es um die Langzeitbelichtung ohne Stativ und Fernauslöser. Dafür brauchst du ein Zoomobjektiv. Dabei ergeben sich kreative Effekte, die aussehen wie bunte Luftschlangen.
2. Stelle deine Kamera auf eine Belichtungszeit von ca. 0,2–1 s ein, fokussiere auf den Eingang der Spielbank und drücke den Auslöser.
3. Im gleichen Moment zoomst du dein Objektiv wahlweise mit Schwung raus oder rein in dein Foto. Dein Foto belichtet diese Zoombewegung mit und zieht spannende Linien. Das wirkt sehr dynamisch.

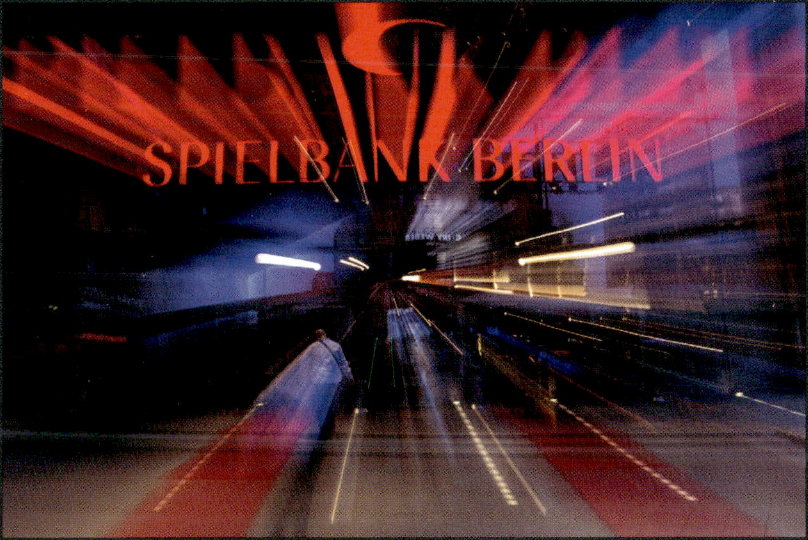

Langzeitbelichtung ohne Stativ – so bekommt die Spielbank eine tolle Dynamik.

ISO 400 / 50 mm / f22 / 1/5 s

Aquarium Berlin

Thema: Tierfotografie/Makro
Adresse: Budapester Str. 32, 10787 Berlin
Anreise: S-Bahn Bahnhof Zoo/U-Bahn Wittenberg Platz

Über den Ort

Das Aquarium Berlin gehört zum Berliner Zoo und zeigt neben Meeres- und Süßwasserbewohnern jede Menge Amphibien, Reptilien und Insekten. Die Lichtverhältnisse sind schwierig. Du fotografierst immer durch Glas – bei vielen Tieren denkt man sich: Und das ist gut so!

Umsetzung

1. Da es sich um empfindliche und schreckhafte Wesen handelt, solltest du den Blitz bei Tieren ausschalten. Zudem hat das Aquarium eine Scheibe, die den Blitz reflektieren würde.
2. Gleiche die Lichtverhältnisse über den ISO-Wert aus (z. B. 2500). Du brauchst zudem eine schnelle Belichtungszeit von 1/100 s und mehr, da alles schwimmt und in Bewegung ist.
3. Spiele auch mit Personen vor den beleuchteten Aquarien. Das bringt lebendige Motive.

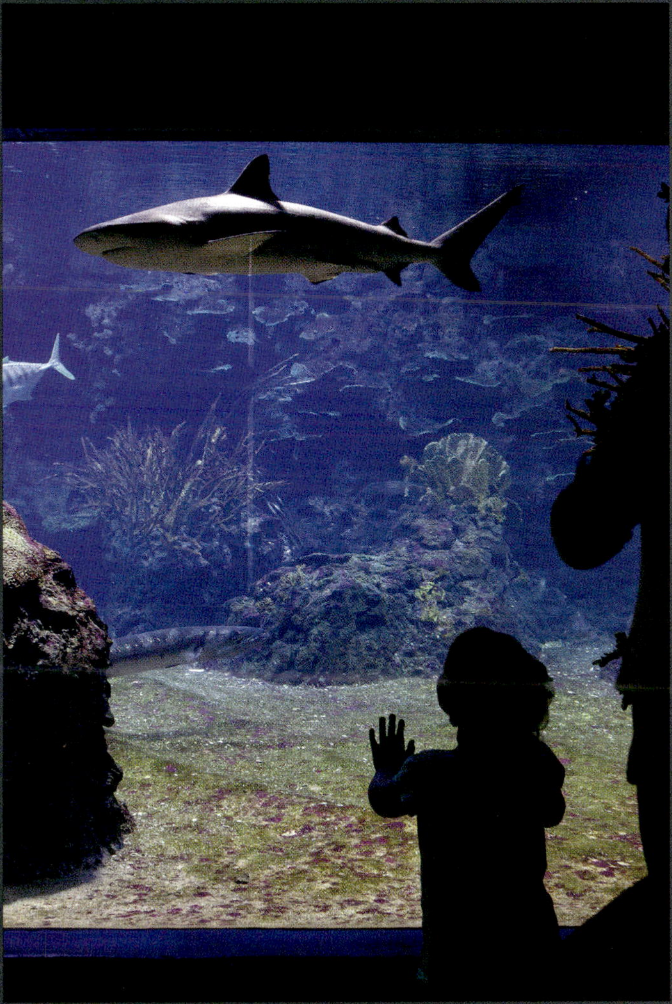

Das kleine Mädchen und der Hai – nimm dir Zeit und halte Ausschau nach Momenten mit ein wenig Witz.

ISO 2500 / 35 mm / f5 / 1/100 s

TwinTowers an der Mediaspree

Thema: Landschaft/Sonnenaufgang
Adresse: Oberbaumbrücke, 10243 Berlin
Anreise: U-Bahn Warschauer Straße, von dort ca. 5 Minuten zu Fuß

Über den Ort

Die Mediaspree ist eines der größten Investorenprojekte in Berlin. Auf den ungenutzten oder auch zwischengenutzten Grundstücken entstanden zahlreiche Gebäude von Universal bis zu den TwinTowers in der Nähe der Elsenbrücke. Einen beeindruckenden Blick auf das Teilstück der Spree hast du aus den Katakomben der Oberbaumbrücke, die du als Rahmen für dein Foto nutzen kannst.

Umsetzung

1. Die Gewölbe im Fußgängertunnel der Oberbaumbrücke werden durch kleine Erker und Fenster mit Blick auf die Spree unterbrochen. Positioniere dich in einem dieser Gewölbe mit Blick auf den Ostteil der Spree. Wähle den Abstand so, dass du noch die Steine der Brücke mit auf das Foto bekommst. Ich habe dazu eine Brennweite von 35 mm gewählt.
2. Mein Foto ist am frühen Morgen kurz nach Sonnenaufgang entstanden. Das ist für dieses Motiv die beste Uhrzeit, da es tolle Farben liefert. Aber es ist auch ein sehr intensives Licht. Um nicht überzubelichten, habe ich eine schnelle Belichtungszeit (1/2500 s) gewählt.
3. Trotz großer Blende (ƒ3.5) habe ich eine durchgängige Tiefenschärfe. Ich habe dazu das Brückengeländer fokussiert.

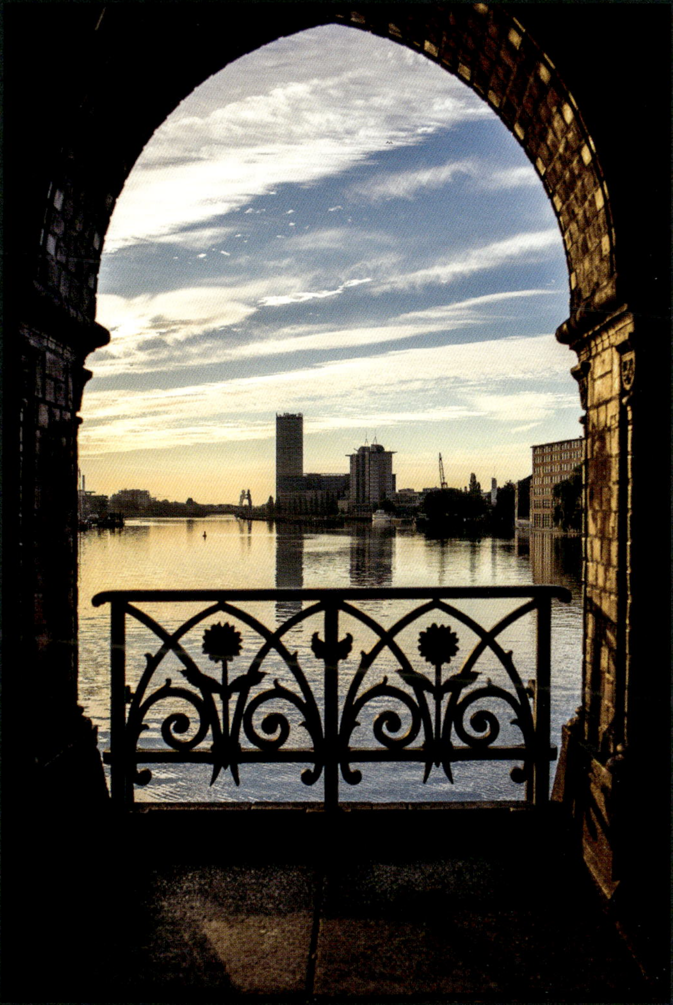

Diese Lichtstimmung kannst du nur am frühen Morgen nach Sonnenaufgang einfangen. Dann steht das Licht einmalig über der Spree.

ISO 200 / 35 mm / f3.5 / 1/2500 s

Register

Aperture Value (Av/A) 20
Architekturaufnahmen 100
Architekturfoto 22
Av/A 20

Belichtungszeit 13, 33
Bildgestaltung 26, 31, 35, 38, 41, 50
Bildstabilisator 34
Blaue Stunde 132
Blende 9
Blendenautomatik 19
Blendenöffnung 10
Blendenreihe 10
Blendensterne 154
Blendenwert 10
Bokeh 47

Dämmerungsrechner 29
Drittel-Regel 162

Freihand-Verschlusszeit 15

High key 190

ISO 16
ISO-Automatik 21

JPEG 42

Landschaftsfoto 27
Langzeitbelichtung 32
Licht 26, 29
Lichter 142
Live-View 92
Low key 190

Makrofotografie 37
Manueller Modus (M) 21

Nacht 70, 142
Natürliches Licht 204

Perspektive 24, 38, 50
Porträtfoto 46
Programmautomatik (P) 18

RAW 42

Schärfentiefe 20
Sonnenuntergang 42
Spiegelungen 68
Stativ 15
Streetfotografie 182
Stürzende Linien 176
Symmetrie 198

Tiefenschärfe 10
Tierfoto 39
Tv/S 19

Überbelichtung 72
Unterbelichtung 130

Verschlusszeit 13
Vignette 118

Wasser 214

Zeitautomatik 20

Bibliografische Information der Deutschen Nationalbibliothek
Die Deutsche Nationalbibliothek verzeichnet diese Publikation in der Deutschen Nationalbibliografie; detaillierte bibliografische Daten sind im Internet über http://dnb.ddb.de abrufbar.

ISBN 978-3-86910-221-4 (Print)
ISBN 978-3-86910-222-1 (PDF)
ISBN 978-3-86910-223-8 (EPUB)

Der Autor: Lars Poeck hat sich das Fotografieren selbst beigebracht. Wahrscheinlich hat er deshalb so viele Fans unter den Hobbyfotografen: Tausende Fotografiebegeisterte verfolgen monatlich seinen Blog auf www.ig-fotografie.de. Auf Fotoworkshops und -touren durch seine neue Heimatstadt Berlin gibt er sein Fotowissen leicht verständlich weiter. Für diesen Ratgeber hat er seine 101 liebsten Fotolocations in der Hauptstadt festgehalten und mit vielen Tipps versehen.

Originalausgabe

Eine Marke der Schlüterschen Verlagsgesellschaft mbh & Co. KG,
Hans-Böckler-Allee 7, 30173 Hannover
www.schluetersche.de
www.humboldt.de

Lektorat: Dateiwerk GmbH, Nathalie Röseler, Pliening
Covergestaltung: Kerker + Baum Büro für Gestaltung, Hannover
Coverfoto: Lars Poeck
Layout: Sehfeld, Hamburg
Fotos Innenteil: Lars Poeck
Satz: PER Medien & Marketing GmbH, Braunschweig
Druck und Bindung: Westermann Druck GmbH, Zwickau